KYNOS KLEINE HUNDEBIBLIOTHEK

BORDER COLLIE

KYNOS VERLAG MÜRLENBACH

KYNOS KLEINE HUNDEBIBLIOTHEK

BORDER COLLIE

Was man über sie wissen sollte.

Dr. Hans Alfred Müller

INHALTSVERZEICHNIS

Alle Fotos dieses Buches, einschließlich Titelfoto, Vor- und Nachsatz, stammen vom Autor mit Ausnahme der Seite 55, 57, 58 und 59

IMPRESSUM

Am Remelsbach 30
D-54570 Mürlenbach/Eifel
Telefon: 06594/653
Telefax: 06594/452
ISBN-Nr. 3-929545-25-X

Realisation & Druck:
DRUCKEREI ANDERS GmbH, D-54595 Niederprüm,
Telefon: 06551/9503-0, Telefax: 06551/950310

ZUM GELEIT

Ein Leben lang haben mir Tiere sehr viel bedeutet. Schon als Kind verbrachte ich mit Naturbeobachtung und Haustieren meine Zeit, in Wäldern, Wiesen, Weiden und Ställen.

Fast alle traditionellen Haustierarten habe ich selbst gepflegt und gezüchtet und mit dem Studium der Veterinärmedizin habe ich die Haustiere auch zu meinem Beruf machen können. Erst sehr spät bin ich endlich auf den Hund gekommen, und es ist mir heute schwer begreiflich, wie ich eine lange Zeit meines Lebens ohne eigenen Hund verbringen konnte.

In der kargen Naturlandschaft Norwegens durfte ich zum ersten Mal den Border Collie erleben. Die Liebenswürdigkeit seines Wesens, seine Natürlichkeit, und vor allem seine auf Intelligenz und Gehorsam basierende Zusammenarbeit mit seinem Menschen beeindruckten mich sehr und erweckten in mir den Wunsch, einen solchen Hund zu besitzen.

Die ganz praktische Konsequenz, dann auch endlich jemanden zu haben, der mir die größte Arbeit mit meinen Schafen abnahm, hatte ich noch kaum bedacht. Nach reiflicher Überlegung und dem Studium umfangreicher Literatur über Hunde und Hütehunde besorgten unsere norwegischen Freunde einen Welpen.

Im Alter von 7 Wochen kam "Anima", die schwarz-weiße Border Collie Hündin dann zu uns.

Daß ich schon nach kurzer Zeit mit diesem Hund in der gerade entstehenden Border Collie Arbeitsgemeinschaft mitarbeiten und erfolgreich an Hütewettbewerben (Trial) teilnehmen würde, lag meinen Überlegungen fern.

Seitdem sind einige Jahre vergangen. Und ich habe mit Anima, nachdem ich sie zu einem guten Schafarbeitshund ausgebildet hatte, einige Welpen gezüchtet. Ihre Tochter Bona, die von Geburt an hier leben konnte, hat schon ab ihrem zehnten Monat mit großem Erfolg an Hütewettbewerben teilgenommen und scheint in dieser Hinsicht ihre Mutter noch zu übertreffen.

Schon im Alter von 18 Monaten konnte sie recht gut in der Klasse III der Offenen (schwersten) Trialklasse bestehen.

Obwohl ich nicht glaube, daß alle Border Collies nur mit Schafarbeit zufriedene Hunde werden, und daß alle, die gelegentlich mit Schafen arbeiten, in jedem Falle die glücklicheren Hunde sind, so schreibe ich dieses Buch doch aus der Sicht eines mit Schafen und Vieh verbundenen Menschen, der immer wieder begeistert ist, wie diese außergewöhnlichen Hunde mit den Herdentieren arbeiten.

Arbeit an der Herde oder Agility? Was wird die Zukunft bringen?

Kapitel Eins

GESCHICHTE

Nachdrückliche Aufforderung zum Spiel.

DER ANFANG DER GEMEINSAMKEIT

Eine der ältesten Haustierarten des Menschen ist der Hund. Schon mehr als zehntausend Jahre liegen die Anfänge des Zusammenlebens von Menschen und Hunden zurück. Die ganze Vielfalt heutiger Hunde und unterschiedlicher Rassen geht auf den Wolf (canis lupus) als Stammform zurück. Über den Beginn des gemeinsamen Lebensweges von Mensch und Hund gibt es nur Vermutungen. Denkbar ist die freiwillige Annäherung von Wolfsrudeln an jagende Menschenhorden, deren Nahrungsabfälle verzehrt wurden. Denkbar ist der innige Anschluß von Welpen, die von Frauen aufgezogen wurden (Welpen lösen wie viele andere Tierkinder durch ihr "Kindchenschema" eine Bemutterungsreaktion bei Menschen aus). Aufgrund ihres artspezifischen Verhaltens als Rudeltiere konnte es zu einer harmonischen Integration von Hunden in die menschliche Horde kommen, deren Struktur durchaus Ähnlichkeiten mit einem caninen Rudelverband gehabt haben dürfte.

Einpferchen

In Relikten "primitiver" menschlicher Lebensgemeinschaften leben auch heute noch Hunderudel recht unabhängig. Es kommt zu zwischenartlichen Sozialkontakten, die Hunde werden als Abfallbeseitiger geduldet und geschätzt. Ob die Nutzung der Hunde zur Ernährung des Menschen, indem man sie tötete und verzehrte, am Anfang von großer Bedeutung war, ist unklar. Für Menschen, die mit Hunden partnerschaftlich zusammenleben, kaum verständlich, ist eine solche Art von Hundenutzung heute noch in einigen Gesellschaften üblich.

Erst später lernten es die Menschen, spezifische "wölfische" Fähigkeiten der Hunde, welche die menschlichen Möglichkeiten weit übertrafen, für ihre Zwecke zu nutzen.

Entstehung der Rassen

Durch entsprechene Zuchtwahl entstanden allmählich verschiedene Jagd- und Hirtenhunde. Wegen der örtlichen Isolation und unterschiedlicher Wünsche der Menschen bildeten sich verschiedene Hundetypen heraus. Dies war der Anfang zur

Entwicklung von Rassen. Die planmäßige Rassezucht nach einem sogenannten Rassestandard und mit der Dokumentation eines Abstammungsnachweises kam erst Ende des 19. Jahrhunderts auf. Auch heute noch werden Arbeitshunde in erster Linie nach ihrer Arbeitsleistung und nicht nach einem Standard oder Ausstellungserfolg bewertet.

ENTWICKLUNG VON HIRTEN- UND HÜTEHUNDEN

Hirtenhunde, wehrhafte Herdenschutzhunde

Einige tausend Jahre später, nachdem in einigen Regionen schon Menschen mit Hunden zusammenlebten, begannen die bisherigen Sammler und Jäger mancherorts damit, Huftierherden in ihre Obhut zu nehmen. Schafe und Ziegen, später auch Rinder und Schweine, wurden in Herden gehütet, um ihre Produkte (Fleisch, Milch, Blut, Knochen, Häute und Wolle) nutzen zu können.

Die Hunde wurden unter diesen Bedingungen zu Hirtenhunden, deren vordringlichste Aufgabe es war, die Herden gegen Überfälle durch große Raubtiere und feindliche Menschen zu schützen. Diese Aufgabe erforderte einen starken, wehrhaften, etwas verwegenen Hundetyp, wie ihn heute noch einige große Hirtenhunde verkörpern.

Eine wichtige Aufgabe der Hirten war es, diese Hunde so zu sozialisieren, daß sie sich nicht selbständig an den Herdentieren vergriffen, um sie aufzufressen.

Treibhunde

Im Laufe der Zeit erwies es sich als vorteilhaft, Hunde auch zum Treiben des Viehs einsetzen zu können. Jahrhundertelang wurden Viehherden zu verschiedenen, meist abseits menschlicher Wohnsiedlungen gelegenen Weidegründen, aber auch auf Handelswegen zu verschiedenen Märkten über Land getrieben. Spezielle Treibhunde, wie zB. Rottweiler oder Sennenhunde, waren zu diesem Zweck auch bei Viehhändlern und Metzgern geschätzt.

Nachdem die Menschen in Europa nach und nach mit ihren Siedlungen alles verfügbare Land überzogen und alle Großraubtiere weitgehend ausgerottet hatten, waren die wehrhaften verwegenen Herdenschutzhunde meist nicht mehr notwendig. Die Treibhunde verloren erst in neuester Zeit mit den allgegenwärtigen Motor-Transportfahrzeugen und dem flächendeckenden lückenlosen Straßennetz weitgehend ihre Aufgabe.

Hütehunde, Herdengebrauchshunde

Der Übergang vom verwegenen Hirtenhund zum sensiblen, führigen Hütehund vollzog sich allmählich. In der Enge der Kulturlandschaft mit ihren geradlinigen Acker- und Parzellengrenzen brauchte der Schäfer Hunde, die ihm beim Treiben der Herde über Wege und Plätze zu Weiden, Ställen und Pferchen halfen, die aber vor allem eines konnten: ausdauernd "Furchelaufen". Das heißt, sie müssen verhindern, daß die Herde oder einzelne Tiere eine vom Schäfer vorgegebene Grenzlinie, häufig die Randfurche eines bestellten Ackers, überschreiten und sich an verbotenem Bewuchs gütlich tun. Dieser Hundetyp wird vom altdeutschen Schäferhund,

„Lift" - Das „Aufnehmen" der Schafe auf der Sommerweide.

aber auch etwa vom Französischen Briard verkörpert. Auch heute noch versehen diese Hunde vielerorts an großen Wanderschafherden ausdauernd und geschickt ihren Dienst. In Deutschland werden jährlich regionale und überregionale Veranstaltungen, "Leistungshüten" durchgeführt, auf denen der Schäfer mit seinen zwei Hunden in Konkurrenz zu seinen Kollegen an einer etwa 300-köpfigen Schafherde bewertet wird.

Border Collies

In England und Schottland entstanden im 16. Jahrhundert Hütehunde, aus denen sich allmählich die Collies als hochgeschätzte Helfer der Schäfer entwickelten. Vor allem auf großflächigen, kargen Weiden wurden diese Hunde zum Sammeln der Tiere und die Betreuung und Pflege der Herde unentbehrlich.

URSPRUNG UND GESCHICHTE DER BORDER COLLIES

In einer damals noch in Lateinisch verfaßten Schrift "De Canibus Britannicus" werden Mitte des 16. Jahrhunderts mittelgroße Hütehunde beschrieben, deren Führung durch den Schäfer und deren Arbeitsweise an der Schafherde an die heutigen arbeitenden Border Collies denken läßt. Seinen Ur-

„Anima“ hat die Herde in einer Koppelecke festgesetzt.

sprung hat der Border Collie im Schottischen Grenzgebiet (Border = Grenze). Die Herkunft und Bedeutung des Wortes "Collie" scheint nicht gesichert zu sein.

Der ursprüngliche Border Collie entwickelte sich zum überragenden Schafspezialisten und verdrängte auch weitgehend die anderen britischen Hütehunde aus ihrem Arbeitseinsatz. Seine nahen Verwandten, der größere meist langhaarige Collie, der sehr populär als TV-Star "Lassie" wurde, und der bärtige Bearded Collie, wie auch der größere Bobtail, wurden als Mode- und Schauhunde entdeckt und haben so in kurzer Zeit ihre Fähigkeiten als Arbeitshunde weitgehend verloren.

Als Stammvater der modernen Border Collies wird der 1893 geborene "Old Hemp" angesehen, der wegen seiner überragenden Befähigung, Schafverhalten richtig einzuschätzen, als Zuchtrüde sehr begehrt war. Züchterischem Sachverstand und der glücklichen Hand seines Züchters Adam Telfer wird es zugeschrieben, einen solch vortrefflichen Hund aus einer Paarung von Eltern erzielt zu haben, die beide keine hervorragenden Hütefähigkeiten gehabt haben sollen. Es kam zu der glücklichen Syn-these der unterschiedlichen Vorzü-ge seiner Eltern, während sich ihre Schwachpunkte nicht in dem Welpen manifestierten. Züchterpech ist es, wenn aus einer solchen Paarung

Welpen entstehen, die stattdessen die Nachteile beider Eltern in sich vereinigen, während die erhofften Vorzüge verloren gehen. Die Schaffarmer lernten, ihre unentbehrlichen Helfer, die Border Collies, mehr und mehr schätzen. Viele waren stolz auf ihre intelligenten und gehorsamen Hunde und setzten ihren Ehrgeiz daran, einen überragenden Hund auszubilden und zu besitzen.

Entstehung der Trials

1873 wurde erstmals ein "Sheepdogtrial" abgehalten, im dem die Hunde ihre Leistungen im Wettbewerb zu ihren Konkurrenten zeigen konnten.

Diese Trials fanden in den folgenden Jahren immer häufiger und an verschiedenen Plätzen statt. Für ihren Aufbau und die Bewertung der Aufgaben bildeten sich allmählich einheitliche Regeln heraus. Die einzigartigen Fähigkeiten der Border Collies und ihre Arbeitsweise an der Schafherde unter Wettkampfbedingungen beobachten zu können, gefällt vielen Leuten. So wurden die Veranstaltungen in England zunehmend populär. Sogar eine Fernsehserie "One Man and his Dog", die den sportlichen Hütehundewettkampf zum Inhalt hat, begeistert viele Zuschauer. Die Border Collies haben sich inzwischen über ihr Ursprungsgebiet hinaus weltweit verbreitet. Als unentbehrliche Schafarbeitshunde werden sie bei den Schafhaltern geschätzt. Auch der Trialsport, der ihre Arbeitsweise demonstriert, gewinnt in vielen Ländern außerhalb Englands immer mehr Freunde.

1906 wurde die ISDS (International Sheep Dog Society) in England gegründet. Diese Organisation führte ein Register für arbeitende Hütehunde ein, einziges Kriterium für die Aufnahme war die Hüteleistung.

Die allgemeine Überzeugung war und ist, daß ein Standard, der irgendwelche Körpermerkmale, sei es Körperbau, Haarlänge, Ohrenform oder Fellfarbe vorschreibt, einen verderblichen Einfluß auf das Zuchtziel - excellent arbeitende Hütehunde - haben würde. Erst 70 Jahre später, nachdem Border Collies auch außerhalb der Schafzüchter zunehmend beliebt wurden und auch zu anderen Zwecken gehalten und gezüchtet wurden, übernahm der Britische Kennel Club auch Border Collies in seine Obhut. Hier wurde ein Standard aufgestellt und die Hunde zur Begutachtung im Showring vorgeführt. Der ISDS arbeitet aber weiterhin unabhängig von diesen Zuchtverbänden und stellt für Border Collies mit ISDS-Abstammung die ISDS Papiere aus, ohne indessen im Einzelfall zu prüfen, ob jeder einzelne Hund noch typische Hüteeigenschaften besitzt.

Familien- und Sporthund

Allmählich verbreitete sich die Erkenntnis, daß der Border Collie über vielseitige Fähigkeiten verfügt, die kaum von anderen Rassehunden erreicht werden, und die nur bei solchen immer wieder geforderten Arbeitshunden erhalten und fortentwickelt werden konnten.

Da diese Hunde zudem durchweg einen liebenswürdigen Charakter und eine hohe Gehorsamsbereitschaft haben, wurden sie immer mehr als Familien- und Sporthunde entdeckt und verwendet. Manche Zuchtlinien werden sogar schon überwiegend als Ausstellungs- und Schauhunde benutzt. Dies zum Mißfallen der meisten Leute, die mit ihren Border Collies im Sinne der ursprünglichen Aufgaben arbeiten.

Einen gewissen Ausgleich haben die Border Collies, die zwar nicht mit Vieh arbeiten können, aber intensiv im Hundesport eingesetzt werden. So erwiesen sich Border Collies in Obedience (Gehorsamswettbewerb) und vor allem in Sportarten wie z.B. Agility und Flyball als anderen Rassen überlegen. Auch als Rettungshunde und Partnerhunde für Blinde und andere behinderte Menschen wurden Border Collies eingesetzt. Sogar zur Schutzhundeausbildung und zum Einsatz als Schlittenhunde wurden schon Border Collies herangezogen. So kommt es schnell zu einem zahlenmäßigen Übergewicht der anders als zur Schafarbeit eingesetzten Border Collies.

DER SPRUNG ZUM EUROPÄISCHEN KONTINENT

Die Anfänge in Deutschland

In Deutschland fanden sich 1988 bis 1990 zunächst im Club für Britische Hütehunde Border Collie-Züchter zusammen und gründeten auf maßgebliche Initiative des 1994 verstorbenen Rassebetreuers Werner Kupka die "Arbeitsgemeinschaft Border Collie Deutschland" (ABCD). Diese Arbeitsgemeinschaft hatte das Anliegen, den Border Collie in seiner ursprünglichen Eigenschaft als exzellenten Schafarbeitshund zu erhalten und zu fördern. Zu diesem Zweck wurden Ausbildungsseminare und Hütewettbewerbe (Trials) organisiert. 1994 stellte es sich heraus, daß schon jetzt die Interessen der Züchter nicht mehr zur Hütearbeit eingesetzter und meist auch untauglicher Britischer Hütehunde nicht mit den Anliegen der Arbeitshundeidealisten in Einklang zu bringen waren. So wurde auf einstimmigen Beschluß der AG-Mitglieder ein eigenständiger Verein etabliert, der unabhängig von Züchterorganisationen sich nur dem Arbeitseinsatz der hütenden Border Collies widmet.

Andere Länder Europas

Etwa im gleichen Zeitraum entstanden in einigen Ländern des europäischen Kontinents Border Collie- und Schafhund- Vereine, die gleiche Interessen verfolgen und Ausbildung und Prüfungen von arbeitenden Border Collies durchführen. So werden in Belgien, Holland, Dänemark, Schweiz, Österreich, Frankreich, Italien und Deutschland jährlich mehrere Sheepdogtrials abgehalten, die auch jeweils den Border Collie-Leuten aus dem Ausland offen stehen. Auch in den Skandinavischen Ländern, die eine ausgedehnte blühende Schafzucht betreiben, werden arbeitende Border Collies ausgebildet und Trials abgehalten. Wegen der restriktiven, etwas übertriebenen Einreisebestimmungen für Hunde bestand jedoch zu diesen Ländern, wie auch zu Großbritannien, bisher kaum eine Austauschmöglichkeit. Border Collies und Trialrichter werden aber häufig aus England und Schottland importiert beziehungsweise zum Richten der Trials eingeladen. 1985 wurde in der Schweiz das erste Europäische Kontinental-Trial abgehalten.

Seitdem finden jährlich Europäische Kontinentalmeisterschaften der Trialhunde im Länderturnus statt, an denen die bewährtesten Hunde aus den einzelnen Ländern teilnehmen.

Bona fixiert die Schafe, sie zeigt Auge („eye“).

Kapitel Zwei

STANDARD UND AUSSTELLUNGEN

Border Collie-Zucht in Deutschland
Organisation der Hundezucht
Ausstellungen der Hundezuchtvereine
Körungen

Der Rassestandard
Verstand vor Schönheit
Was ist ein Border Collie?
Englischer Standard des British Kennel Club
Deutscher Standard

„Bona" im Gegenwind.

BORDER COLLIE-ZUCHT IN DEUTSCHLAND

Organisation der Hundezucht

Der einflußreichste, international anerkannte und mitgliederstärkste deutsche Hunde-Verband ist der VDH = Verband für das Deutsche Hundewesen e. V. Dieser VDH wiederum ist der FCI beigetreten = Fédération Cynologique Internationale. Dem VDH sind eine große Anzahl von Rassezucht- und auch Hundesportverbänden angeschlossen. Einer dieser Vereine ist der Club für Britische Hütehunde, der die Rassen Collie, Bearded Collie, Bobtail (OES), Sheltie, Welsh Corgi und auch den Border Collie züchterisch verwaltet. Dieser Club stellt bestimmte, für die Mitglieder verbindliche Zucht- und Körordnungen auf. Diese enthalten Vorschriften für die Hundehaltung und Bedingungen für den Zuchteinsatz. Anliegen dieser Bestimmungen ist z.B. eine artgerechte Hundehaltung und eine Zucht möglichst gesunder und von bedeutenden Erbfehlern freier Hunde.

Neben diesen "renomierten" Zuchtvereinen gibt es auch einige nicht dem VDH angeschlossene, die ihre eigenen Regeln aufstellen. Border Collies werden mit VDH-Papieren oder mit ISDS-Papieren gezüchtet. Außerdem gibt es eine große Zahl von Border Collies oder ähnlich aussehender Kreuzungstiere, die ohne jede Vereinsbindung, ohne Abstammungsnachweis gezüchtet werden.

Die Arbeitsgemeinschaft Border Collie Deutschland (ABCD) ist ein unabhängiger Verein und hat allein zum Ziel, die Hüteeigenschaften des Border Collies zu erhalten und zu fördern. Sie befaßt sich nicht mit der Zucht. Zu den Veranstaltungen sind alle Border Collies oder auch anderere Hunde zugelassen, ohne Rücksicht auf ihre Abstammungspapiere.

In Deutschland werden Border Collies noch nicht sehr lange gezüchtet. Wie schon in vielen anderen Ländern, so scheint der Bekanntheitsgrad und die Beliebtheit der Border Collies jedoch stetig zuzunehmen. So sind nach einer Aufstellung des Clubs für Britische Hütehunde die Border Collies die einzige betreute Rasse, deren Zuchtbucheintragungen seit 1988 stetig ansteigen. Seit 1988 hatte sich ihre Zahl mit 450 im Jahr 1993 fast verdreifacht.

Die nicht im VDH organisierte Zucht hat vergleichbar zugenommen. Auch die Mitgliederzahl der sich in diesen Jahren konsolidierenden Arbeitsgemeinschaft Border Collie hat sich verdreifacht. Ebenso nimmt die Zahl der Menschen zu, die Border Collies in anderen Hundesportarten einsetzen.

Es ist zu hoffen, daß dem Border Collie diese sich abzeichnende Entwicklung nicht zum Verhängnis wird. Für die Erhaltung des ursprünglichen excellenten Schafarbeitshundes dürfte gerade ein Verein wie die Border Collie Arbeitsgemeinschaft von großer Bedeutung sein. Es wäre wünschenswert, daß auch innerhalb des Zuchtverbandes eine Unterscheidung getroffen würde, zwischen Hunden, die ihre Befähigung zum Viehhüten bewiesen haben, und Hunden, die lediglich auf Schönheitswettbewerben (Shows) in Erscheinung getreten sind. Ein Zei-

Geliebte Ballspiele. Vielleicht zeigt sich der Heading-Instinkt auch im Stoppen eines davonspringenden Balles.

chen für bewährte Schafarbeitshunde in den Abstammungsnachweisen, würde einem unerfahrenen Interessenten, der einen Arbeitshund sucht, die Entscheidung für einen bestimmten Welpen erleichtern. Eintragungen von besonderen Trialleistungen gibt es bei Zuchttieren aus Großbritannien.

Ausstellungen der Hundezuchtvereine

Vor allem für Hunderassen, die keinen Verwendungszweck als Gebrauchshunde (mehr) haben, sind Hundeausstellungen eine Schau für die Züchter und das allgemeine Publikum. Sie dienen dazu, die Rasse darzustellen, die einzelnen Tiere zu präsentieren und im Vergleich zu ihren Konkurrenten der gleichen Rasse zu bewerten.

Die Hunde werden in verschiedenen Klassen, je nach Alter und Geschlecht vorgeführt, verglichen und von einem Preisrichter bewertet. Die Bewertung orientiert sich am Rassestandard, in dem die speziellen Rassemerkmale Punkt für Punkt schriftlich festgelegt worden sind.

Wenngleich auch Charakter- und Wesensmerkmale der ausgestellten Tiere begutachtet werden sollen, so richtet sich die Bewertung naturgemäß in erster Linie nach körper-

Heading-Instinkt. Anima überholt den galoppierenden Hengst.

lichen rassetypischen Schönheitsmerkmalen, die sich zusammensetzen aus Konstitution (erbliche Veranlagung) und Kondition (durch Aufzucht, Ernährung, Pflege und Training bestimmte Tagesform).

Entscheidend wird die Bewertung auch vom mehr oder weniger geschickten Präsentieren des Hundes durch seinen Besitzer und von persönlichen Vorlieben der jeweiligen Preisrichter beeinflußt. Nach einem bestimmten System können die einzelnen Hunde Anwartschaften auf Titel gewinnen, z.B. Nationaler Champion (CAC), Internationaler Champion (CACIB), Rassebester, Schausieger, Weltsieger. Dies motiviert besonders die Besitzer gut bewerteter Hunde dazu, viele Ausstellungen zu besuchen, um die begehrten Titel zu gewinnen.

Hat der Hund nach vielen Ausstellungen endlich etwa den Titel eines Internationalen Champions erreicht, so ist dies eine große Freude für seinen Besitzer, eine beträchtliche Wertsteigerung für den Hund und hat meist einen vermehrten Zuchteinsatz (vor allem

bei Rüden) zur Folge. So könnten Hundeausstellungen durchaus eine positive Funktion für die Zucht von Rassehunden haben.

Voraussetzung ist dabei, daß tatsächlich die Zuchttiere am besten bewertet werden, welche die besten Anlagen haben, vor allem was Gesundheit, Wesen und Leistungsfähigkeit betrifft. Andererseits können bei falscher Einschätzung oder Gewichtung bestimmter Merkmale nachteilige Einflüsse in der Zucht begünstigt werden. Vor allem bei einer zahlenmäßig geringen Population einer Rasse kann sich auch die Verringerung der Zuchtbasis und die Zunahme des Inzuchtgrades verderblich auswirken. Dies tritt besonders dann ein, wenn ausschließlich einige wenige Siegerrüden zum Deckeinsatz kommen.

Neben ihrem Schau- und Informationswert dienen Hundeausstellungen auch der Kommunikation der Züchter untereinander und mit interessiertem Publikum. Aus meiner Sicht sind die Preisrichter ob ihrer Tätigkeit jedoch nicht zu beneiden. In einer großen Gruppe ziemlich gleich aussehender Rassehunde eine sinnvolle Rangordnung festzulegen, dürfte ein kaum befriedigend lösbares Problem darstellen.

So kommt es naturgemäß auch immer wieder zu widersprüchlichen Bewertungen desselben Hundes, mit denen die Beteiligten leben müssen und die manchmal viel Verständnis und Humor von einzelnen Hundebesitzern verlangen.

Grobe körperliche Mängel eines Hundes können in der Regel auf einer Ausstellung erkannt werden und Konsequenzen für den Zuchteinsatz haben. Der Anspruch, anhand des Erscheinungsbildes, Maßen, Form- und Farbmerkmalen etwas über die Leistungsfähigkeit eines Gebrauchshundes in seinem speziellen Verwendungszweck auszusagen (Rennhunde, Diensthunde, verschiedene Jagdhunde, Zughunde, Hütehunde, Schafarbeitshunde), muß jedoch sehr kritisch betrachtet werden.

So hat die alleinige Bewertung auf Ausstellungen, sofern dieses Schicksal eine Gebrauchshunderasse ereilt hat, in vielen Fällen allmählich aber sicher zu Hunden geführt, die sich nach einigen Generationen als untauglich für ihren ursprünglichen Verwendungszweck erwiesen haben. Deswegen werden Hundeausstellungen gerade von Leuten, die ihre Hunde zum Arbeits- oder Sporteinsatz verwenden und nach Leistungskriterien bewerten, kritisch betrachtet und häufig völlig abgelehnt.

Körungen

Hundezuchtvereine verlangen für künftige Zuchttiere (Rüden und Hündinnen) vor ihrem anerkannten Zuchteinsatz eine Bewertung ihrer Zuchttauglichkeit. Es soll festgestellt werden, ob der Hund gesund ist, keine bedeutsamen Fehler trägt, und ob er als typisch für seine Rasse angesehen werden kann.

Ein Hund, der zur Zucht gekört werden soll, muß einem Zuchtrichter zur Beurteilung vorgeführt werden. Außerdem muß er bestimmte Vorbedingungen erfüllen, die in Zuchrichtlinien festgeschrieben werden. Die Tiere müssen z.B. eine günstige HD-Beurteilung, einen unverdächtigen Befund der Augenuntersuchung und einen anerkannten Abstammungsnachweis haben. Außerdem müssen sie auf mindestens einer Ausstellung des Verbandes eine mindestens "sehr gut" Bewertung bekommen haben.

DER RASSESTANDARD

Verstand vor Schönheit

"Brain before Beauty", diesen beliebten Wahlspruch vieler Border Collie-Leute sieht man auch als Aufkleber vor allem am Rande von Trial-Veranstaltungen häufig.

Der Grundsatz "Verstand hat Vorrang vor Schönheit" hat sich zur Beurteilung eines Border Collies seit vielen Generationen bewährt. Er darf aber keineswegs so verstanden werden, als bestünde irgendein Gegensatz zwischen Schönheit und Verstand. Gar der Schluß, ein nach menschlichem Empfinden schöner Hund könne vermutlich nicht über viel Verstand verfügen, ist abwegig.

Ein Hund, der seinen Ge-

EINIGE BEISPIELE FÜR DIE VIELFALT DER FORMEN UND FARBEN.

„Spot“ geht entschlossen auf die Schafe zu.

Ein rot-weißer hat sich Kühlung nach der Arbeit verschafft.

„Joe“, ein exzellenter Hütehund aus Schottland, tricolor.

Dieser außergewöhnlich weiß Gezeichnete blickt mit seinen hellblauen Augen interessiert in die Kamera.

Dieser Blue-merle ist nur als Zuschauer zum Trial gekommen.

brauchszweck erfüllt und ein Leben lang gute Arbeit leistet, muß über einen zweckmäßigen Körperbau verfügen, der ihm diese Leistung ermöglicht. Wenn ein solcher Hund nach anderen Maßstäben als unvollkommen beurteilt wird, etwa weil er zu klein, seine Rute zu kurz, die Brust zu schmal oder die Beine zu lang seien, oder gar die Ohrenstellung oder Fellfarbe unvorteilhaft, so wird jemand, der die Arbeitsqualitäten dieses Tieres kennt, davon nicht sehr beeindruckt sein. Andererseits gibt es natürlich Zusammenhänge zwischen bestimmten Körperformen und Leistung.

Diese richtig zu erkennen und mit aller Vorsicht zu beurteilen, erfordert jedoch eine große Erfahrung und Wissen. So soll beim Border Collie nach Ansicht von englischen Border Collie-Leuten, die es wohl wissen müssen, sogar ein Zusammenhang zwischen einer ansprechenden, der Kontur des Beines anliegenden Schwanzhaltung und den Hütequalitäten bestehen.

In der Rassehundezucht wird dem vom Zuchtverein des Herkunftlandes aufgestellten Rassestandard eine große Bedeutung beigemessen. Viele Rassehunde werden in ihrer Wertschätzung einzig an Schauerfolgen gemessen, die nach einem Vergleich mit dem Idealbild dieser Rasse zustande kommen.

Für den Border Collie wurde erst sehr spät, als er auch vom englischen Kennel-Club anerkannt wurde, ein Standard aufgestellt. Wohl aus Respekt vor den Menschen, die diese einzigartigen Hunde herausgezüchtet haben, gesteht man den Border Collies jedoch eine recht große Variationsbreite zu. Meines Wissens ist keine andere Hunderasse so wenig in Körperform, Haarlänge und Farbmerkmalen festgelegt.

Was ist ein Border Collie?

Für den arbeitenden Border Collie gibt es einige Charakteristika, die man als typischen Arbeitsstandard bezeichnen könnte.

So sollte ein solcher Hund einen Instinkt besitzen, wegrennende Herdentiere zu überholen und zu stoppen (heading instinct), er sollte über eine bestimmte Intensität seines Blickes verfügen, mit dem er die Tiere fixiert und kontrolliert ("eye"). Außerdem muß ein brauchbarer Arbeitshund eine hohe Gehorsamsbereitschaft (obedience) haben und freudig mit seinem Herrn zusammenarbeiten.

Voraussetzung für ein langes Arbeitsleben ist natürlich gesunde Konstitution, Belastbarkeit, Anpassungsfähigkeit, Schnelligkeit, Ausdauer und Langlebigkeit.

Alle diese Eigenschaften sind mit einem bestimmten Erscheinungsbild gekoppelt, das sich aus diesen Funktionsanforderungen ergibt. Umgekehrt aber von einem bestimmten Erscheinungsbild auf alle diese inneren Veranlagungen zu schließen, dürfte die menschlichen Möglichkeiten meist überfordern.

Englischer Standard des British Kennel Club

GENERAL APPEARENCE . - Well proportioned, smooth outline showing quality, gracefulness and perfect balance, combined with sufficient substance to give impression of endurance. Any tendency to coarseness or weediness undesirable.

CHARACTERISTICS. - Tenacious, hard-working sheep dog, of great tractability.

HEAD AND SKULL. - Skull fairly broad, occiput not pronounced. Cheeks not full or rounded. Muzzle, tapering to the nose, moderately short and strong. Skull and foreface approximately equal in length. Stop very distinct. Nose black, except in brown or chocolate colour when it may be brown. In blues nose should be slate colour. Nostrils well developed.

EYES. - Set wide apart, oval-shaped, of moderate size, brown in colour except in merles where one or both or part of one or both may be blue. Expression mild, keen, alert and intelligent.

EARS. - Medium size and texture, set well apart. Carried erect or semi-erect and sensitive in use.

MOUTH. - Teeth and jaws strong with a perfect, regular and complete scissor bite, i.e. upper teeth closely overlapping lower teeth and set square to the jaws.

NECK. - Of good lenght, strong and muscular, slightly arched and broadening to shoulders.

FOREQUARTERS. - Front legs parallel when viewed from front, pasterns slightly sloping when viewed from side. Bone strong but not heavy. Shoulders well laid back, elbows close to body.

BODY. - Athletic in appearance, ribs well sprung, chest deep and rather broad, loins deep and muscular, but not tucked up. Body slightly longer than height at shoulder.

HINDQUARTERS. - Broad, muscular, in profile sloping gracefully to set on of tail. Thighs long, deep and muscular with well turned stifles and strong well let down hocks. From hock to ground, hindlegs well boned and parallel when viewed from rear.

FEET. - Oval, pads deep, strong and sound, toes arched and close together. Nails short and strong.

TAIL. - Moderately long, the bone reaching at least to hock, set on low, well furnished and with an upward swirl towards the end, completing graceful contour and balance of dog. Tail may be raised in excitement, never carried over back.

GAIT/MOVEMENT. - Free, smooth and tireless, with minimum lift of feet, conveying impression of the ability to move with great stealth and speed.

COAT. - Two varieties:

a) Moderately long;

b) Smooth. In both, topcoat dense and medium-textured, undercoat soft and dense giving good weather resistance. In moderately long-coated variety, abundant coat forms mane, breeching and brush. On face, ears, forelegs (except for feather), hindlegs from hock to ground, hair should be short and smooth.

COLOUR. - Variety of colours permissible. White should never predominate.

SIZE. - Ideal height: dogs: 53 cms (21 ins); bitches: slightly less.

FAULTS. - Any departure from the foregoing points should be considered a fault and the seriousness with which the fault should be regarded should be in exact proportion to its degree.

NOTE: Male animals should have two apparently normal testicles fully descended into the scrotum.

***

Die Zuchtvereine anderer Länder haben ihren eigenen Standard formuliert, der sich jedoch weitgehend am Standard des Ursprungslandes orientiert.

Deutscher Standard

FCI-Standard Nr. 297 des
Border Collie v. 08.09.1988

Ursprungsland:
Großbritannien
Klassifikation:
Gruppe I (Schäferhunde)

1. ALLGEMEINES ERSCHEINUNGSBILD. - Die allgemeine Erscheinung soll die eines gut proportionierten Hundes sein, wobei die geschmeidigen Außenlinien Qualität, Anmut und vollkommene Harmonie in Verbindung mit genügend Substanz zeigen, wodurch der Eindruck entsteht, daß der Hund zu ausdauernder Leistung fähig ist. Jegliche Tendenz zu Plumpheit oder Schwäche ist unerwünscht.

2. WICHTIGE MASSVERHÄLTNISSE (Proportionen). - Oberkopf und Nasenrücken etwa gleich lang. Der Körper soll im Vergleich zur Schulterhöhe etwas länger sein.

3. VERHALTEN UND CHARAKTER. - Aufgeweckt, aufmerksam, führig und intelligent, weder nervös noch aggressiv.

4. KOPF. - OBERKOPF: Schädel ziemlich breit, Hinterhaupthöcker nicht ausgeprägt. Stop: Sehr ausgeprägt

GESICHTSSCHÄDEL. -

Nase: Schwarz, außer bei braunen oder schokoladefarbenen Hunden, wo sie braun sein darf. Bei blauen Hunden sollte sie schieferfarben sein. Nasenlöcher gut entwickelt.

Schnauze: Fang, sich zur Nase hin verjüngend, mäßig kurz und kräftig.

Backen: Weder voll noch abgerundet.

Zähne und Kiefer: Kräftig mit einem perfekten, regelmäßigen und vollständigem Scherengebiß, d.h. ein Gebiß, bei dem die Schneidezähne des Oberkiefers knapp über die Schneidezähne des Unterkiefers greifen, wobei sie senkrecht zum Kiefer gestellt sind.

Augen: Weit auseinanderstehend, oval, von mittlerer Größe und braun, außer bei Blue Merles, wo ein Auge oder beide teilweise oder ganz blau sein dürfen. Ausdruck sanft, aufgeweckt, aufmerksam und intelligent.

Ohren: Ohren von mittlerer Größe und Textur, weit auseinanderstehend, aufrecht oder halb aufrecht getragen, ausdrucksvoll beweglich.

5. HALS. - Von guter Länge, kräftig und muskulös, leicht gewölbt, zu den Schultern hin breiter werdend.

6. KÖRPER. - Körper von athletischem Aussehen

Brust: Tief und ziemlich breit. Rippen gut gewölbt.

Lenden: Muskulös, aber nicht aufgezogen.

Kruppe: Breit und muskulös, von der Seite gesehen anmutig zum Rutenansatz hin verlaufend.

Rute: Mäßig lang, mit ihrem letzten Wirbel mindestens bis zum Sprunggelenk reichend, tief angesetzt, gut behaart, mit einem Aufwärtsschwung am Ende, der die anmutige Außenlinie und Harmonie des Hundes abrundet. Im Erregungszustand kann die Rute höher, aber nie über dem Rücken getragen werden.

7. GLIEDMASSEN.

Vorderhand: Vorderläufe von vorne gesehen parallel,Fesseln von der Seite betrachtet leicht schräggestellt. Knochen kräftig aber nicht grob. Schultern gut zurückgelegt, Ellenbogen dicht am Körper anliegend.

Pfoten: Pfoten oval, Ballen gut gepolstert,kräftig und gesund, Zehen gewölbt, eng aneinanderliegend, Krallen kurz und kräftig.

Hinterhand: Oberschenkel lang, kräftig und muskulös, mit gut gewinkelten Kniegelenken und kräftigen tiefliegenden Sprunggelenken. Vom Sprunggelenk bis zum Boden starker Knochenbau. Hinterbeine von hinten gesehen parallel.

8. GANGWERK. - Die Bewegung soll frei, fließend und unermüdlich sein, wobei die Pfoten möglichst wenig abgehoben werden, damit sich der Hund schleichend und mit großer Geschwindigkeit bewegen kann.

9. HAARKLEID . - Beschaffenheit des Haares: Zwei Fellvarietäten sind anerkannt, eine mäßig lange und eine stockhaarige.

Bei beiden Varietäten ist das Deckhaar dicht und von mittlerer Textur, Unterwolle weich und dicht, was dem Border Collie einen wetterfesten Schutz verleiht.

Bei der mäßig langen Fellvarietät bildet das reichliche Haarkleid Mähne, Hosen und Fahne. An Gesicht, Ohren, Vorderläufen (ausgenommen Federn) und Hinterläufen vom Sprunggelenk bis zum Boden soll das Haar kurz und glatt sein.

Farbe: Eine Vielfalt von Farben ist erlaubt, wobei weiß nie vorherrschen soll.

10. GRÖSSE UND GEWICHT
Idealhöhe: Rüden 53 cm
Hündinnen etwas weniger

11. HODEN. - Rüden müssen zwei äußerlich normale, gut in den Hodensack abgestiegene Hoden aufweisen.

12. FEHLER. - Jede Abweichung von den genannten Punkten soll als Fehler angesehen werden, wobei deren Gewichtung der Schwere des Fehlers Rechnung tragen soll.

Kapitel Drei

VERHALTEN UND ERZIEHUNG

„Anima“ bemuttert die Flaschenlämmer.

VERHALTEN

Von Wölfen und Menschen

Weit zurückliegende Grundlagen des Verhaltens sind für ein gegenseitiges Verstehen wichtig. Die moderne Verhaltensforschung hat in den letzen Jahrzehnten die wissenschaftlichen Grundlagen für ein weitgehendes Verständnis des Hundeverhaltens und einen richtigen Umgang zu beiderseitiger Freude geliefert.

Zu allen Zeiten hat es jedoch schon Menschen gegeben, die intuitiv den Hund und sich selbst richtig einschätzten. Unmittelbar begreifen sie das Tierverhalten, und es kommt zu einem harmonischen Zusammenleben und gegenseitigem Verständnis.

Es bestehen heute keine Zweifel mehr daran, daß der Wolf als alleiniger Stammvater unserer Hunde angesehen werden muß. Die Wege der wilden Wölfe und ihrer Verwandten, die sich den Menschen anpaßten und zu Hunden wurden, trennten sich schon vor Jahrtausenden. Trotzdem stimmen Wolf und Hund in grundlegenden Verhaltensweisen überein, und die Beobachtung des Wolfsrudels hat auch zum besseren Verständnis der Hunde beigetragen.

Das Leben dieser hoch entwickelten Säugetiere in einem geregelten Sozialverband, dem Rudel, ist die wichtigste Grundlage für den möglichen engen Anschluß an den Menschen. Verstehen des Hundes, Erziehung und Ausbildung bauen darauf auf.

Vor allem der Gebrauch der Jagdhunde greift entscheidend auf Verhaltensweisen zurück, die dem jagenden Wolfsrudel zu einem Erfolg verhalfen. Daß auch der Border Collie in seinem ureigenen Beruf, zusammen mit seinem Menschen Schafe zu "hüten", ganz wesentlich auf diese wölfische Jagdveranlagung aufbaut, ist für manche Außenstehende zunächst verwunderlich.

Einige Betrachtungen zum Verhalten

Um das Wesen einer Haustierart, ihr angeborenes Verhalten und ihre Bedürfnisse zu erkennen, muß man zunächst die wilde Stammform beobachten. Hier werden oft noch Zusammenhänge klar, die durch den Einfluß des Menschen bei manchen Haustieren verkümmert, verlorengegangen oder undeutlich geworden sind.

So haben Beobachtungen an Wolfsrudeln und an urtümlichen, vom Menschen weitgehend unabhängigen Hunden wertvolle Erkenntnisse zum Wesen der Hunde geliefert. Ebenso werden Unterschiede im Verhalten von Haushunden, wie etwa Instinktausfälle oder züchterisch geförderte Besonderheiten, erkennbar.

Dieses Wissen ist zum Teil unmittelbar für die Erziehung und Haltung eines Hundes von Bedeutung.

ENTWICKLUNGSPHASEN DES HUNDEVERHALTENS

Im Leben des Welpen unterscheidet man mehrere Phasen der "geistigen" Entwicklung bis zu einem erwachsenen Hund.

Die Welpen werden blind und taub nach einer Tragzeit von etwa 63 Tagen geboren. Eine instinktsichere Mutterhündin hat alles vorbereitet, um dem Wurf eine geschützte und sichere Höhle für den Anfang zu bieten, sofern sie die Möglichkeit dazu hat.

„Anima", ein schelmischer Blick.

Für viele umsorgte Rassehunde übernimmt der Mensch von Anfang an die intensive Betreuung und richtet alles nach seinem Gutdünken ein.

Vegetative Phase

Gleich nach der Geburt hat ein vitaler Welpe nur ein einziges Anliegen, die Wärme der Mutter zu suchen und sich eine milchgebende Zitze zu sichern. Die Ver-haltensweisen hierzu sind vollständig angeboren, instinktiv "weiß" dieses noch so unvollkommene kleine Tier, was es unternehmen muß, um seine Lebensgrundlagen zu sichern.

Durch Lautäußerungen gewinnt der Welpe die Zuwendung seiner Mutter und löst Pflegeverhalten und Lecken aus.

Die ersten 14 Tage verbringen die Welpen mit Saugen und Schlafen, wärmen sich an der Mutter und werden von ihr durch Lecken der Analregion zum Lösen angeregt und gesäubert.

Die ersten 14 Tage werden auch als vegetative Phase bezeichnet. Der Trieb, ihren Wurf vor Artgenossen oder Fremden zu beschützen, ist bei der Hündin jetzt noch besonders stark.

Etwa um den 9. Tag nach der Geburt (nach meiner Beobachtung dauert es bei Geburten vor dem 63. Trächtigkeitstag um diese Tage entsprechend länger) öffnen sich die Lidspalten, und die Welpen blinzeln mit ihren blauen Augen ins Tageslicht. Die Fähigkeit, differenziert zu sehen und zu hören, erlangen sie jedoch erst im Alter von 16 bis 17 Tagen.

Prägung

Etwa mit der dritten Lebenswoche beginnen die Welpen verstärkt Eindrücke ihrer Umwelt und ihrer Sozialpartner (Hunde und Menschen) aufzunehmen.

Das österreichische Forscherpaar Menzel bezeichnete zuerst diese Zeit bis zur 12. Lebenswoche als Sozialisierungsphase. Der große Hundefreund und Verhaltensforscher E. Trumler hebt die Zeit bis zur 8. Woche nochmals als Prägungsphase hervor. Der Begriff Prägung wurde vom Vater der Verhaltensforschung, Konrad Lorenz, zunächst für ein Phänomen gebraucht, das er bei künstlich erbrüteten Graugansküken feststellte.

Die kleine Graugans prägt sich gleich nach ihrem Schlupf das erste erblickte Lebewesen als Mutter und Artgenosse ein. Diese Prägung erfolgt sehr schnell, und die Gans hält ihr Leben lang unbeirrt daran fest, auch wenn es unter besonderen Umständen eine Fehlprägung ist. Unter natürlichen Umständen ist die Muttergans das erste Lebewesen für das Küken und die Prägung auf sie lebenswichtig und arterhaltend sinnvoll.

Der Hundewelpe läßt sich etwas länger Zeit für seine Prägung. Es ist aber unbedingt wichtig, daß er in dieser Zeit bis zur 8. Lebenswoche viel Kontakt mit Menschen hat, ihre Gerüche aufnehmen kann, sich ihr Bild einprägt und mit ihrer Stimme vertraut wird.

Ein ausnahmsweise mutterlos vom Menschen aufgezogener Welpe sollte andererseits nun auch Hunde als seine Artgenossen erfahren können.

So wird ein verantwortungsbewußter Züchter sich entsprechend verhalten. Er wird viel Zeit mit seinen Welpen verbringen, um dem späteren Hundebesitzer einen menschengeprägten, kontaktfreudigen Junghund anvertrauen zu können.

Sozialisierung

Die meisten Welpen werden mit 8 Wochen an ihren neuen künftigen Besitzer abgegeben. Sie haben dann schon die wichtigste Prägung erhalten. Dafür ist der Züchter verantwortlich.

Die 8. Lebenswoche ist auch deshalb ein günstiger Übernahmetermin, weil nun die wichtigste Sozialisierungsphase bis zur 12. Woche beginnt, in der sich der Welpe an seine Menschen anpaßt und anfängt, Gefolgschaftstreue zu entwickeln.

Bei natürlicher Rudelaufzucht überantwortet die Mutterhündin ihre 8 Wochen alten Welpen weitgehend an den Vaterrüden, der sich nun verstärkt mit den Heranwachsenden beschäftigt. Diese Beobachtungen sind sehr anschaulich im "Jahr des Hundes" von Eberhard Trumler beschrieben. Im Rudel kommt es zwischen der 12. und 16. Woche verstärkt zu Rangeleien und Kräftemessen, die zu einer Rangordnung und nachfolgend zu einer Rudelordnung führen. Bis zum Ende ihres dritten Lebensmonats genießen die Welpen ein Futtervorrecht. Die Alttiere lassen sich von ihnen das Futter wegnehmen und machen es ihnen nicht streitig. Dann jedoch kommt die Zeit, in welcher der Welpe lernen muß, den ranghöheren Rudelmitgliedern den Vortritt zu lassen und oft mit knurrendem Magen zuzuschauen.

Disziplinierung des Welpen.

Erkundung des weiteren Territoriums

Mit 5 bis 6 Monaten nehmen die Altwölfe ihre Jungen erstmals zu den Jagdgründen mit. Hier dürfen sie zunächst nur bei der Jagd zuschauen und können dazu vom Rudelchef sogar an einem bestimmten Ort abgelegt werden. Hier haben sie zu bleiben, bis sie weitere Instruktionen erhalten.

So liegt es auch in der Natur des Hundes, ein derartiges "Bleib da"-Kommando seines Herrn zu befolgen.

Rangordnung

Eine besondere Bedeutung kommt in einem Wolfsrudel der Rangordnung zu, die für einen reibungslosen Umgang der Tiere miteinander und für erfolgreiche Jagden unbedingt erforderlich ist. Bestimmte Dominanz- und Unterlegenheitsgesten der einzelnen Rudelmitglieder sorgen dafür, daß eine Rangordnung recht stabil ist und verletzende Kämpfe so weit wie möglich vermieden werden.

Das Zusammenleben in einem Rudel verläuft meist recht harmonisch. Jeder kennt seinen Platz, die Ranghohen üben keineswegs ständig Druck auf die Rangniederen aus. Für manche Aufgaben werden Spezialisten mit besonderen Fähigkeiten anerkannt, die ranghöchsten Tiere übernehmen Verantwortung zum Wohle der anderen.

Kommt der Hundewelpe im zarten Alter von 8 Wochen in eine neue Menschenfamilie, so findet er eine feste Rangordnung vor, in der er zunächst natürlich die untere Position einnimmt. Die meisten Hunde akzeptieren diese Gegebenheiten anlagebedingt auch ihr Leben lang, vor allem, wenn immer "geordnete" Verhältnisse herrschen.

Manche Hunde mit hohem Selbstbewußtsein probieren um den 9. Lebensmonat aus, wie weit sie gehen können. Dies vor allem dann, wenn die bisherige Erziehung oder der Mangel an solcher im Welpen keine Sicherheit im Hinblick auf seine Stellung hervorgerufen hat.

Werden die ersten Anzeichen für ein Aufbegehren oder Widersetzlichkeit in diesem Alter erkannt und mit Bestimmtheit und Konsequenz der Hund an seinen Platz verwiesen, so läßt sich die Ordnung wieder festigen.

Etwa mit 18 Monaten entwickeln einige besonders selbstbewußte Hunde ein diesmal ernsteres Dominanzverhalten, wenn sie bisher den Eindruck gewonnen haben, die bestehenden chaotischen Verhältnisse in ihrem Rudel (Menschenfamilie) erforderten wohl eine Übernahme der Führungsposition.

Einige Hunde, und dies müssen nicht immer die größten und stärksten sein, schaffen es auch, die Alpha-Stellung einzunehmen. Ihre Besitzer müssen dann immer auf die gute Laune ihres Hundes hoffen und damit rechnen, angeknurrt oder gar gebissen zu werden, wenn ihm etwas nicht paßt. Ein solcher Hund ist natürlich, besonders bei entsprechender Größe und Kraft, eine ständige Gefahr für Menschen.

Unterordnung und Gehorsam

Viele Hunde ordnen sich leicht unter, einige versuchen hin und wieder in bestimmten Situationen, ihren Willen durchzusetzen oder sogar die Führung zu übernehmen.

Schon mit dem Welpen sollten wir möglichst oft und viel spielen, ihn, wenn er zu wild spielt und beißt, am Nackenfell hochnehmen und ihm einige deutliche Worte sagen. So lernt er von Anfang an, daß wir ihm immer überlegen sind, und er niemals gegen uns gewinnen kann. Das wird er akzeptieren und dabei durchaus glücklich sein.

Schlagen sollten Sie den Hund möglichst nie. Sie können ihn "anknurren" oder mit erhobener Stimme tadeln, am Nackenfell hochnehmen oder an beiden Backen packen und ihm "knurrend" in die Augen starren. Mit der Hand fest über seine Schnauze greifen, wie es die ranghohen Hunde mit ihrem Fang tun. Das beeindruckt den Hund und er wird sich fügen.

Eine deutliche Demonstration Ihrer Überlegenheit ist nötig, wenn der Hund absichtlich Ihren Kommandos (die er beherrscht) nicht gehorcht, wenn er sich sein Futter nicht von Ihnen abnehmen läßt.

Anzeichen für eine beginnende "Machtprobe" kann Widersetzlichkeit, "In die Augen-starren" oder auch vor allem bei Rüden das sogenannte "Dominanzaufreiten" (ans Bein klammern) sein.

Rudelchef, Bezugsperson in der Familie

Border Collies sind bei verständnisvoller, auf Liebe und Sachverstand basierender Haltung sehr angenehme Rudelmitglieder, die durch ihre "intelligente" Kooperationsbereitschaft viel Freude bereiten.

Der Hund sollte innerhalb seiner Familie eine Hauptbezugsperson haben, die mit dem Welpen die Grundbefehle einübt und die später die spezielle Ausbildung übernimmt. In der Regel sollte diese Person den Welpen auch füttern.

Schon im Spiel muß der Welpe lernen, daß es keinen Erfolg verspricht, sich gegen etwas aufzulehnen, was vom Menschen gefordert wird.

Die Hauptbezugsperson spricht mit den Familienmitgliedern und anderen Leuten, die häufig mit dem Hund zu tun haben, die Grundbefehle ab. Nur diese eingeübten Worte sollen dann auch verwendet werden, wenn der Hund etwas befolgen soll.

Auf jeden Fall muß man vermeiden, daß viele, vor allem Kinder, dauernd ohne System dem Hund irgendwelche zum Teil unsinnige Befehle erteilen und keine Konsequenz besteht, sinnvolle Befehle auch durchzusetzen.

Von Zeit zu Zeit (nicht zu häufig) nimmt die Bezugsperson dem Hund ein begehrtes Futterstück (Knochen), über das er sich gerade hermacht, wieder ab. Der Hund muß es sich ohne Knurren oder gar Schnappen gefallen lassen. Dies ist zur Klarstellung des Ranges nötig und auch sehr sinnvoll, damit man dem Hund einen zufällig gefundenen, unzuträglichen Brocken jederzeit abnehmen kann.

Immer sollten Sie in jeder Lage besonnen, überlegen, konsequent und bestimmt vorgehen. Dies macht auf den Hund großen Eindruck. Je mehr Sie sich mit ihm beschäftigen und je mehr Sie ihm beibringen, um so mehr wird er von Ihnen begeistert sein.

ERZIEHUNG

Die Grunderziehung des Welpen

Um einen Welpen richtig zu erziehen und ihn zu einem angenehmen Begleiter und glücklichen ausgeglichenen Hund heranwachsen zu lassen, braucht man Liebe, Geduld, Konsequenz und viel Zeit.

Unter dieser Voraussetzung benötigt man nur noch Kenntnisse über das arteigene Verhalten und von den Ansprüchen, die der Welpe an seine Umwelt und sein Rudel stellt. Manche Leute haben das Glück, von Jugend an Erfahrung im Umgang mit den Tieren zu bekommen, fachkundig unterstützt durch den Rat von wissenden Menschen.

Für alle ist es jedoch hilfreich und für viele unbedingt notwendig, entsprechende Fachliteratur zu lesen, bevor sie sich erstmalig auf eine Partnerschaft mit einem Hund einlassen.

Allgemeine Grundsätze.

Der Border Collie ist der am besten erziehbare Hund schlechthin. Er lernt leicht und gern auch anspruchsvolle Dinge. (Diese Überzeugung basiert auf meinen Erfahrungen, die maßgeblich von der Begeisterung für diese Hunde bestimmt werden. Es ist zu bedenken, daß Enthusiasten für andere Hunderassen diesen ebenso überragende Eigenschaften zuschreiben.)

Einen Border Collie nicht zu erziehen, ist in besonderem Maße verwerflich. Hat der Hund auch sonst kaum Möglichkeiten, seine Fähigkeiten einzusetzen, so kann es zu schweren Verhaltensstörungen kommen.

Jeder Hund braucht eine gewisse Erziehung. Dies liegt zum einen in der Natur des Rudeltieres begründet. Der Hund muß wissen, wo seine Postiton in der Rangfolge ist. Er ist glücklich und zufrieden, wenn er von seinem anerkannten Herrn gesagt bekommt, was zu tun und was zu lassen ist.

Zum anderen stellt ein nicht erzogener, unfolgsamer Hund eine Gefahr für sich selbst (z.B. Autoverkehr) und andere Hunde und Menschen dar. Auch geben unerzogene Hunde ein ungünstiges Bild in der Öffentlichkeit ab und fördern unangemessene allgemeine Vorurteile der unwissenden Bevölkerung gegenüber Hunden und Hundehaltern.

Der Welpe muß konsequent nach einem durchdachten Plan erzogen werden. Immer sollte der Erziehende seine Gefühle unter Kontrolle haben und möglichst niemals unbesonnen reagieren.

Hunde haben ein sehr gutes Gehör, das dem des Menschen weit überlegen ist. Dies soll man sich immer wieder vergegenwärtigen und Befehle in ruhigem leisen Tonfall erteilen. Schreien und Brüllen bringt meist auch keine besseren Erfolge und macht auf Zuhörer eine schlechten Eindruck. Wenn man sich eine größere Lautstärke für seltene Ausnahmesituationen vorbehält, so ist damit eher eine Wirkung zu erzielen.

Grundkenntnisse der Ethologie (Spezifisches Verhalten der Art Hund) sind wichtig. Ebenso bedeutsam sind allgemeine, von allen Tieren (Menschen eingeschlossen) bekannte Zusammenhänge: Eine Verhaltensweise wird durch verschiedene Umweltreize und Lerneffekte gefördert bzw. unterdrückt.

Angenehme Gefühle (z. B. Lob, Zuwendung, Futter, Spiel) fördern, unangenehme (z. B: Tadel, Strafe, Nichtbeachtung) vermindern bestimmte Handlungsweisen. Hier sind auch unbeabsichtigte Zusammenhänge zu bedenken.

Korrekturen oder Bestrafungen (stimmliche Mißfallensäußerung, in schlimmen Fällen Griff ins Nackenfell, kein Schlagen) müssen immer sofort, möglichst unmittelbar vor einer erkennbaren Fehlleistung, während einer solchen oder spätestens sofort danach erfolgen.

Dem Lob kommt eine ungleich höhere Bedeutung zu, erwünschtes Verhalten zu fördern.

Sollen Hund und Mensch Freude aneinander haben, so sind antiautoritäre Experimente fehl am Platze. Auch muß man vermeiden, von seinem Hund zu viel zu verlangen, ihn zu überfordern. Ebenso wie eine Unterforderung führt dies zu Mißerfolgen.

Die Anweisungen für den Hund, etwas zu tun, sollten knapp, immer gleichlautend und gut voneinander unterscheidbar sein. Entweder einsilbig oder wohl noch besser zweisilbig. Etwa "Mach Platz" - "Bei Fuß".

Der Hund versteht nicht den Sinn eines Wortes, sondern er verknüpft bestimmte Laute, Pfeifensignale oder Gesten seines Rudelführers mit bestimmten Handlungsweisen, die dann folgen sollen.

Falsch ist es z.B., wenn man den

Hund ablegen will, einmal "Platz", ein anderes Mal "Leg' Dich" zu sagen. Auch wäre es falsch, "Geh' voraus" und "Geh' hierher" zu sagen, da der Hund auf diese Weise verwirrt wird.

Wenn der Hund einmal die richtige Verknüpfung gelernt hat, sollte das Kommando möglichst nur einmal klar und bestimmt gegeben werden. Erfolgt keine oder eine stark verzögerte Reaktion, so sollte es nicht dauernd wiederholt werden, sondern der Hund etwa durch eine "knurrende" Mißfallensäußerung zu seiner Pflicht gemahnt werden.

Vor allem am Anfang einer Ausbildung ist es sehr wichtig, einen Befehl nur dann zu geben, wenn man ihn auch durchsetzen kann. Ist der Hund z. B. noch sehr unzuverlässig, das "Platz"-Kommando zu befolgen, so muß es so lange nur im unmittelbaren Einwirkungsbereich (Leine) gegeben werden, bis es sitzt.

Immer ist darauf zu achten, daß ein einmal gegebenes Kommando auch befolgt wird, daß der Hund etwa auf "Komm hier" bis zum Körperkontakt herankommt. Dann wird er gelobt. Das Loben muß einen sehr freundlichen melodischen

Obwohl Schafe eigentlich Beutetiere sind, zeigt „Anima" einem neugeborenen Lamm gegenüber mütterliche Gefühle.

Klang haben. Hier kommt es nicht so auf eine präzise Wortwahl an, der Hund merkt am Tonfall die freudige Stimmung seines Herrn.

Auch ist am Anfang darauf zu achten, die Übung nicht zu lange auszudehnen. In der Regel reichen einige Minuten (maximal 15). Zeigt der Hund Ermüdungs- oder Ablenkungszeichen, so ist abzubrechen, möglichst mit einem Erfolgserlebnis und wenigstens einem Lob fürs Herankommen.

Hat man mal einen Tag, an dem man, aus welchen Gründen auch immer, mißgestimmt ist und nicht ausgeglichen reagieren kann, sollte man keine ernsthaften Übungen mit dem Hund durchführen.

Spielerische Umwelterfahrung

Sehr wichtig für das Zustandekommen einer innigen Bindung sind auch ausgedehnte Spielphasen mit dem Welpen. Oft kann man bestimmte Ausbildungserfolge auch auf dem spielerisch Gelernten aufbauen.

Spielzeiten sind zudem für die Entwicklung der Welpen sehr wichtig. Sie sind auch fester Bestandteil des Rudellebens unabhängiger Wildhunde.

Vor allem junge Welpen dürfen jedoch beim Spiel nicht überfordert werden. Unterbricht das Tierchen ein Spiel, so ist es abzubrechen. Das Ruhebedürfnis der Welpen ist groß. Einen ruhenden, schläfrigen Welpen soll man auch nicht stören, um mit ihm zu spielen.

Anregend für die Entwicklung des Welpen zu einem aufgeweckten, lernfreudigen Hund sind auch immer wieder neue Spielzeuge und wechselnde Umweltreize. Was der Welpe in seiner Jugend in lustvollem Spiel kennenlernt, das liebt er auch später.

Dinge, die dem erwachsenen Hund verboten sind, darf man auch schon dem Welpen nicht gestatten.

Der Junghund soll auch recht früh an viele Situationen des Alltagslebens gewöhnt werden. Er muß sich in einer Menschenmenge und im Straßenverkehr ausgeglichen verhalten, Autofahren schätzen lernen und sich hochheben lassen, überall anfassen, Fell kämmen und untersuchen lassen (z.B. Maul, Pfoten, Ohren).

Spielen mit Artgenossen

Wichtig ist, den Welpen mit möglichst vielen verschiedenen Hunden bekannt zu machen und spielen zu lassen. Nur so lernt er, wie er sich unter seinesgleichen zu benehmen hat. Übertriebene Furchtsamkeit oder Aggression werden so vermieden.

Dabei muß man aber darauf achten, möglichst keine instinktgestörten, aggressiven oder unberechenbaren Hunde, die es leider auch hin und wieder gibt, zur Bekanntschaft auszuwählen.

Auch ein tolpatschiger, gutmütiger Riesenhund ist zunächst nicht der richtige Partner für ein ausgelassenes Spiel, da er durch seine Körpermasse und Ungeschicklichkeit dem Welpen Schaden, Schmerzen und Angst zufügen kann.

Beginn der Erziehung

Zu Beginn ist das Wichtigste, den Hund an seinen Namen zu gewöhnen, indem Sie ihn immer wieder aussprechen und gefolgt von einem freundlichen "Komm" den Welpen zu sich locken. Kommt der Welpe, so streicheln und loben Sie ihn, hin und wieder geben Sie ihm einen Leckerbissen (nicht übertreiben).

Schnauzengriff. Dominanzdemonstration des Ranghöheren.

Nie sollten Sie den Hund bestrafen, wenn er zu Ihnen gekommen ist. Hat er einmal lange auf sich warten lassen, so kann das Lob etwas sparsamer ausfallen, wenn er endlich gekommen ist. Eine Bestrafung ist jedoch falsch, da der Hund sie mit Ihnen und seinem Kommen verknüpft.

Sollte Ihr Hund nicht sofort kommen, so können Sie ihn nur über eine sehr lange Leine unverzüglich korrigieren und, wenn er zu Ihnen gekommen ist, wieder loben.

Kommt der freilaufende Welpe nicht, nachdem man gerufen hat, so hilft meist, sich umzudrehen und in die entgegengesetzte Richtung zu laufen. Nun wird er sich beeilen, den Anschluß nicht zu verpassen.

Weiterhin wichtig ist es, den Welpen an Halsband und Leine zu gewöhnen und ihm diese Dinge über einen Spaziergang angenehm zu machen. Vor allem zu jungen Welpen darf man zunächst nicht so streng sein.

Die wichtigsten Kommandos

Komm hier, hierher!

Zusammen mit dem Namen des Welpen der erste und wichtigste Befehl. Immer soll der Hund nun bis zum Körperkontakt herankommen. Ein kurzes Lob und ein kurzes Streicheln belohnen ihn.

Mach Platz, Leg Dich, Down!

Fast ebenso wichtig ist dieser zweite Befehl. Der Hund soll sich unverzüglich legen. Im Idealfall auch auf weite Entfernung und aus schnellem Lauf.

Dem Welpen bringt man dieses Kommando zunächst bei, indem man ihn spielerisch zu Boden drückt, die Vorderbeine nach vorn zieht. Liegt er so ruhig, so wiederholt man das "Mach Platz" in lobendem Ton und entfernt sich dann allmählich.

Steht der Welpe auf, folgt ein "knurrender" Mißfallenston. Man geht hin und drückt ihn mit dem Platzkommando wieder nieder und lobt ihn, wenn er liegen bleibt. Zuerst bricht man die Übung schon nach wenigen Sekunden mit dem "Komm" und Lob ab. Allmählich wird sie zeitlich immer mehr ausgedehnt und eventuell mit einem "Bleib da" kombiniert.

Entsprechend kann der Hund auch "Sitz" oder "Steh" lernen.

Bleib da!

Bedeutet für den Hund, daß er an seinem Platz verweilen soll und nicht seinem Herrn nachfolgen darf. Eingeübt wird es entsprechend dem "Platz"-Befehl.

Nein!

Ein in scharfem Ton gesprochenes kurzes "Nein", "Pfui", "Aus" soll den Hund dazu veranlassen, sein Vorhaben nicht auszuführen oder seine Tätigkeit abzubrechen. Hier ist der Tonfall entscheidend für den Erfolg. Will der Welpe etwa mit Matschfüßen an Spaziergängern hochspringen, Katzen oder Radfahrer jagen, so ist ein solches Kommando hilfreich.

Diese ersten vier Befehle kann der Border Collie-Welpe schon ab der 8. Lebenswoche, einen nach dem andern, spielerisch erlernen.

Bei Fuß, Bleib hier!

Der Hund soll im unmittelbaren engen Bereich bei seinem Menschen bleiben. Ob man mit dem "Bei Fuß" das ganz präzise enge Gehen und Stehen an der linken Seite seines Hundeführers erreichen will, ist eine Ermessenssache.

Viele Schafleute bringen dem Hund stattdessen bei, immer etwas hinterher zu gehen und nicht zu überholen.

Das "Bei Fuß"-Kommando wird auch in Verbindung mit einem scharfen Ruck an der Leine benutzt, um dem Hund das Ziehen an der Leine abzugewöhnen. Geht er wieder locker nebenher, wird er gelobt. Bei jedem Zug, der zum Spannen der Leine führt, bringt ein emotionsloser Ruck den Hund wieder in die gewünschte Position.

So lernen viele Hunde nach einigen Spaziergängen, nicht an der Leine zu ziehen und auch ohne Leine "Bei Fuß" zu gehen. Für diese Übung sollte der Welpe aber schon ein halbes Jahr alt sein.

Diese fünf Befehle reichen für einen Grundgehorsam aus. Ein Hund, der dies alles beherrscht, der zuverlässig *immer* herankommt, der unverzüglich in jeder Entfer-

nung und Stimmung "Platz" macht und trotz verschiedener Außenreize *liegenbleibt,* bis er wieder gerufen wird, ist schon ein recht gut erzogener Hund, den man ohne große Befürchtungen fast überallhin mitnehmen kann.

Je nach Bedarf kann der Hund noch sehr viel anderes mehr lernen, wozu er seiner Veranlagung nach neigt, oder was die Menschen für erwünscht halten.

Sichtzeichen

Auch Border Collies neigen sehr dazu, auf optische Signale zu reagieren. Vor allem „Trialisten" lehnen Sichtzeichen für Schafarbeit oft ab. Ein Hund, der gewohnt ist, von seinem Menschen Handzeichen zu empfangen, dreht sich häufig fragend zu seinem Chef um und wendet dabei notgedrungen den Blick von den Schafen ab.

Vor allem in der täglichen Praxis sind aber Richtungsweisungen durch Hand- und Armbewegungen oft von großem Nutzen. Soll der Hund etwa zu einem bestimmten Ort dirigiert werden, ohne daß Schafe da sind, oder fallen die Schafe zunächst als Bezugspunkt weg, weil sie wegen hohen Bewuchses oder der Geländestruktur für den Hund nicht sichtbar sind, so können Armzeichen helfen. Ebenso wenn wegen starken Umweltlärms oder Gegenwind der Hund die Pfeifsignale nicht hören kann.

Wachhundeeigenschaften

Border Collies sind in der Regel keine Wachhunde. Hat der Welpe Gelegenheit, mit Menschen nur gute Erfahrungen zu machen und mit sehr vielen fremden Leuten Kontakt zu knüpfen, so ist er später auch meist freundlich und vertrauensseelig zu allen Menschen.

Manche Border Collies haben aber eine Veranlagung, in bestimmten Situationen Wachsamkeit zu demonstrieren und Fremden gegenüber mißtrauisch zu sein. Dies wird gefördert, wenn der Welpe sich lange Zeit nur mit seiner Bezugsperson beschäftigt und der Kontakt zu anderen Menschen unterbunden wird.

Kapitel Vier

WER HÄLT EINEN BORDER COLLIE?

Border Collie auch ohne Schafe?

Familienhund und Freizeitsport

Grunderziehung und Begleithundeprüfung

Breitensport

Agility

Gehorsamsübungen (Obedience)

Flyball

„Anima“ stößt den Ball geschickt zu ihrem menschlichen Spielpartner zurück.

BORDER COLLIE AUCH OHNE SCHAFE ?

Die Frage, ob ein Border Collie auch ohne Schafe angemessen gehalten werden und ob er seine angeborenen Veranlagungen und seinen Tatendrang ausleben kann, wird immer wieder unter den Freunden dieser Rasse heiß diskutiert.

Vor allem eingefleischte Schafleute, die mit ihren Border Collies tagtäglich an der Herde arbeiten, und (oder) begeistert Sheepdogtrial-Sport betreiben, bestreiten oft vehement, daß diese Hunde auch ohne Schafe glücklich werden könnten.

Nun bedarf es keiner Frage, daß ein Border Collie in aller Regel seinen besten Platz bei einem veständnisvollen Schäfer hat, der ihn für die Zwecke tagtäglich einsetzt, für die er seit vielen Generationen gezüchtet worden ist. Das Glück, unter diesen idealen Voraussetzungen ihr Leben verbringen zu können, haben aber auch unter den Schafhunden nicht alle.

Die Haltungsbedingungen können schlecht sein, dem Hundebesitzer mag es an nötigem Sachverstand oder Einfühlungsvermögen mangeln, auch Zeit- Platz- und Arbeitsmangel. Oder wegen zu vieler Hunde eines Besitzers verbringen manche Tiere einen großen Teil ihrer Zeit eingesperrt im Zwinger oder gar angekettet auf dem Hof.

So verschieden das äußere Erscheinungsbild der Border Collies, ob kurzhaarig mit Stehohren, schwarz-weiß, tricolour oder braun, langhaarig, kraushaarig oder mit Hängeohren, so verschieden sind mitunter auch die charakterlichen, geistigen und seelischen Anlagen des Gemüts.

So gibt es den extremen Schafarbeitstypen, der wie eine Rakete um die Schafe saust, kaum zu bremsen und zu stoppen ist, und der vor Erregung zitternd und bebend am Rande einer Schafkoppel nur mit Mühe davon abgehalten werden kann, loszustürmen.

Andererseits gibt es auch Border Collies, welche die Sache etwas ruhiger angehen, die erst richtig in Fahrt kommen, wenn sie zur Arbeit herangezogen werden, und die vielleicht genauso gerne apportieren oder ballspielen würden.

Auch unter den rassereinen Border Collies kommen immer wieder Hunde vor, denen es an wichtigen Fähigkeiten mangelt, die für einen guten Hütehund Voraussetzung sind, oder denen sogar ihr Interesse an Schafen abhanden gekommen ist.

Bedenkt man all diese Umstände, so wird deutlich, daß in jedem Einzelfall abgewogen werden muß, ob dieser oder jener Hund unter diesen oder jenen speziellen Umständen ein artgemäßes Leben führen und ein zufriedener Hund sein kann.

Die Verbreitung von Border Collies außerhalb ihres angestammten Einsatzbereiches als Schafarbeitshunde ist weltweit schon recht fortgeschritten und wird sich auch nicht aufhalten lassen. Die Bedingungen, unter denen Border Collies ein ausgefülltes Leben als arbeitende Hütehunde führen können, sind in den überbevölkerten Industrieländern nur selten gegeben und nehmen weltweit bei immer knapper werdenden Resten unverbauter Landschaft immer mehr ab.

So ist es in vielen Fällen auch nicht möglich, alle Welpen eines Wurfes von Border Collies, die eigentlich zur Schafarbeit gezüchtet wurden, an Plätze zu vermitteln, die ihren vermuteten Anlagen voll entsprechen. Dieser Umstand wird natürlich von einem Züchter bedauert, der mit Begeisterung seine Hunde zur Schafarbeit einsezt und diese Paarung mit Bedacht gewählt hat, um wieder gute Hütehunde zu bekommen.

Wenn er nun gezwungen ist, einige seiner Welpen an Leute mit anderen Interessen abzugeben, so sollte er immerhin darauf achten, daß diese Menschen wissen, welche Ansprüche ein Border Collie hat, und daß sie über die nötige Zeit verfügen und bereit sind, den Hund entsprechend seiner Veranlagung und seines Arbeitseifers zu fördern und zu beschäftigen.

FAMILIENHUND UND FREIZEITSPORT

Als Spezialisten für anspruchsvolle Arbeit an Schafen seit vielen Generationen gezüchtet, verfügen die Border Collies über vielseitige Fähigkeiten und Talente. Auch können sie sich recht gut unterschiedlichen Bedingungen anpassen.

Ihrem Wesen entspricht es, sich eng an Menschen anzuschließen und voll Freude mit ihnen zusammenzuarbeiten. So erwuchs mit dem Anstieg ihres Bekanntheitsgrades und ihrer Popularität durch Trialveranstaltungen und TV-Sendungen bei vielen Leuten der Wunsch, einen solchen intelligenten Hund zu besitzen.

Nicht immer sind jedoch die Haltungsumstände so, daß sie den Bedürfnissen dieses aktiven und pfiffigen Hundes gerecht werden. So ist ein Border Collie ungeeignet für eine Stadtwohnung oder eine dauernde Zwingerhaltung, es sei denn, er würde den ganzen Tag au-

Ballspiele.

ßerhalb arbeiten und die Wohnung oder auch ein Zwinger diente ihm nur zur nächtlichen Ruhe.

Als Familienhunde auf dem Lande, die allenfalls im eingezäunten Garten herumgehen dürfen und täglich 10 Minuten an der Leine ausgeführt werden, mögen einige Rassen gut geeignet sein, ein Border Collie sollte aber mehr Betätigung haben.

So muß sich jeder überlegen, bevor ein Border Collie als Familienhund geholt wird, ob sein Arbeits- und Bewegungsbedürfnis erfüllt werden kann. Nicht ausgelastete, stark unterforderte und mißverstandene Border Collies können zu schwierigen Hunden werden oder sogar Verhaltensstörungen bekommen.

Aktive Menschen, die den Hund lieben und verstehen und sich selbst gern sportlich betätigen, können jedoch durchaus mit einem Border Collie die richtige Wahl treffen. Einschränkend sollte aber bedacht werden, daß bestimmte, spezielle, hochsensible und überaktive Schafarbeitstypen kaum ohne diese Schafarbeit leben können.

Border Collies haben ein großes Bedürfnis nach freiem, ungehemmten Lauf und nach Zusammenarbeit mit ihrem Menschen. Meist sind sie versessen darauf, etwas zu apportieren, Bälle oder Frisbeescheiben zu fangen, zu springen oder auch etwas mit ihrer Nase zu suchen. Die meisten können sich vielseitig anpassen, die Hauptsache sie dürfen sich betätigen, wie es ihrer körperlichen, seelischen und geistigen Veranlagung entspricht.

Sie lieben besonders sportliche Freizeitbeschäftigungen, die Elemente aus ihrem ursprünglichen Arbeitsleben enthalten. So sind Border Collies in sehr vielen Hundesportarten erfolgreich und übertreffen sogar häufig in ihrem Eifer und ihren Leistungen die Kollegen der anderen Rassen.

Wenn auch eine organisierte Hundesportart nicht unbedingt Voraussetzung ist, den Border Collie als Familienhund auszulasten, so dürften gerade Breitensport, Agility, Flyball und Gehorsamsübungen doch dazu beitragen.

Auch als Jagdhunde, Schutzhunde und Rettungshunde wurden schon Border Collies ausgebildet. Als Partnerhunde für behinderte Menschen haben Border Collies Großes geleistet.

Vielen Menschen macht es auch mehr Spaß,sich zusammen mit anderen Hundefreunden zu betätigen und mit ihnen in Wettbewerb zu treten. Informationen kann man von den Zuchtorganisationen, von örtlichen Hundesportvereinen oder von Bekannten bekommen, die Hundesport betreiben.

Grunderziehung und Begleithundeprüfung

Zum Wohle des Hundes und zur Freude seiner Menschen muß jeder Hund eine Grunderziehung bekommen. Die Person, die den Hund führt, muß ihn in jeder Umgebung und jeder Situation unter Kontrolle haben.

Ob man sich seinen Erziehungserfolg in Form einer Begleithundeprüfung bestätigen läßt, ist dabei von zweitrangiger Bedeutung. Alle weiterführenden Sportarten haben einen gewissen Grundgehorsam des Hundes zur Voraussetzung.

Breitensport

Bei dieser vielseitigen Sportart betätigen sich Mensch und Hund gleichermaßen sportlich. Beiden Partnern macht es Freude, die Zusammenarbeit und die Bindung

Auch im Hundesport glänzen Border Collies durch besondere Leistungen. Foto: Uhrig, Effem.

Agility. Sport und Spaß für Mensch und Hund. Foto: Uhrig, Effem.

werden gefördert, und ein positiver Effekt für die Gesundheit durch körperliche Ertüchtigung stellt sich auch ein.

Diese vielseitige und in den Anforderungen auch variable Sportart besteht aus mehreren Disziplinen: Gehorsamsübung, Slalomlauf, Hürdenspringen, Hindernislauf, eventuell Langlauf. In jedem Fall hat der Gehorsam des Hundes Vorrang.

Bewertet werden die exakte Ausführung der Aufgaben, die gute Zusammenarbeit von Mensch und Hund und die Geschwindigkeit, mit der die Aufgaben bewältigt werden.

Das Training für diesen Sport muß behutsam und planmäßig durchgeführt werden. Spitzenleistungen kann auch ein talentiertes Paar nur nach vielen gemeinsamen Übungsstunden erreichen. Aber auch dieses Üben sollte Mensch und Hund gleichermaßen Freude bereiten. Die Krönung stellt dann eine reibungslose Zusammenarbeit bis zur Perfektion dar.

Jedoch auch wer von Natur aus nicht zur Höchstleistung kommt und die Konkurrenz nicht überflügelt, hat Spaß an der Sache. Das gegenseitige Verstehen zwischen Mensch und Hund wird sehr gefördert. In Gesellschaft mit anderen Hundefreunden werden Erfahrungen ausgetauscht, und den Zuschauern wird ein Einblick in die Möglichkeiten einer harmonischen Mensch-Hund Partnerschaft geboten.

Agility

Diese Sportart entstand in England und nimmt an Beliebtheit stetig zu. Agility ist zunächst vergleichbar dem Breitensport. Die Anforderungen und die Perfektion werden jedoch hier auf die Spitze getrieben. Der Schwierigkeitsgrad wird auch hier für Anfänger zunächst niedrig gehalten und stufenweise angehoben.

Die Mitgliedschaft in einem Agility-Club ist Voraussetzung für die Betätigung in dieser Sportart und bislang werden vor allem Rassehunde gefördert. Gerade in diesem Sport glänzen Border Collies durch besondere Leistungen, so daß viele Leute den Border Collie für *den Agility-Hund schlechthin* halten.

Es spricht für die Vielseitigkeit und Anpassungsfähigkeit der Border Collies, daß sie mit so viel Spaß an der Sache in freudiger Zusammenarbeit mit ihrem Menschen sich auch hier hervortun.

Da nicht viele Menschen einem Border Collie seine geliebte Schafarbeit bieten können und ihnen deshalb jedoch nicht die Freude verwehrt werden kann, mit einem solch vorzüglichen Hund zusammenzuarbeiten, so ist wohl eine derartige Sportart eine gute Kompensationsmöglichkeit.

Ein vollwertiger Ersatz für die anspruchsvolle Schafarbeit ist sie jedoch kaum.

Gehorsamsübungen (Obedience)

Auch Obedience-Wettbewerbe wurden zuerst von Engländern und Amerikanern eingeführt und sind in Deutschland in dieser Form kaum verbreitet.

In Klassen unterschiedlichen Schwierigkeitsgrades müssen die Hunde z.B. führig an der Leine gehen, ohne Leine bei Fuß folgen, Verharren in Steh-, Sitz- und Platzstellung über bestimmte Zeiten und bei verschiedenen Ablenkungen, auf Kommando vorausgehn und

Agility Sprung.
Foto: Werner Lau.

Agility Schrägwand.
Foto: Werner Lau.

Agility Slalom.
Foto: Werner Lau.

Agility Reifensprung, Foto: Werner Lau

Agility Wippe. Foto: Werner Lau.

Agility Training. Foto: Werner Lau.

springen. Nasenarbeit und Apportieren werden bis zur höchsten Vollendung entwickelt.

Dabei sind die Anforderungen am Anfang noch gering. Der Hund kann aber darauf aufbauend bis zu höchsten Schwierigkeitsgraden gefördert werden und mit seinen Konkurrenten in harten Wettbewerb treten.

Flyball

Die neueste sportliche Betätigung, deren Zweck der Spaß an der Sache ist, stellt das in Amerika erfundene Flyball-Spiel dar. Die Beliebtheit und damit die Verbreitung nimmt ständig zu. Auch in diesem Spaß übertreffen die Border Collies meist ihre Konkurrenten aus anderen Rassen.

Die Hunde müssen über Hürden springen und eine Ballschleudermaschine betätigen, dann den Ball (oder eine Frisbeescheibe) fangen und schnellstmöglich die Strecke zurücklaufen, um ihrem Menschen den Ball zu apportieren.

In diesem schnellen Sport lassen sich sogar besonders gut Mannschaftswettbewerbe durchführen.

Kapitel Fünf

HÜTEARBEIT DES BORDER COLLIES

Die Ausbildung zur Schafarbeit

Erste Begegnung mit Schafen

Einige für das Hüten wichtige Verhaltensweisen der Schafe

Herdentrieb; Duckreaktion; Verteidigungsreaktion

Das „Hüte“-Verhalten des Border Collies

Erste Schritte zur Ausbildung

Unterschiedliche Veranlagung des jungen Border Collie

Die wichtigsten „Hüte“-Aktionen

Das Zutreiben und Nachbringen der Schafe;
Rechts und links; Das Hinauslaufen;
Das Flankieren; Das Wegtreiben; „Zurück“;
Das „Greifen“;
Das Abtrennen einiger Schafe aus der Herde (Shedding)
Furche Laufen

Praktischer Einsatz an der eigenen Schafherde

Teilnahme an Sheepdog-Trials

Die Arbeit bei anderen Herdentieren

„Anima" holt die kleine Schafgruppe von der Winterkoppel.

DIE AUSBILDUNG ZUR SCHAFARBEIT

Erste Begnung mit Schafen

Voraussetzung für den Beginn dieser speziellen Ausbildung ist die Basis des Grundgehorsams. Dafür braucht jeder Hund eine unterschiedlich lange Zeit, die von seinem Charakter und seiner "Führigkeit", sowie von den Fähigkeiten seines Ausbilders und der Bindung zwischen Mensch und Hund abhängt.

Die zweite Voraussetzung ist ein Interesse des Border Collie-Welpen an Schafen. Dies tritt bei den Hunden in unterschiedlichem Alter spontan auf, kann aber durch Schafkontakt und Ermuntern meist gefördert werden. Einigen Hunden fehlt es auch und läßt sich nicht erzwingen.

In welchem Alter man einen Border Collie-Welpen erstmals zu Schafen bringen sollte, darüber gehen die Meinungen auseinander. Eine Meinung geht davon aus, daß zu früher Schafkontakt zu einer Sozialisierung des Hundes mit den Schafen führen könnte, die später ein ordentliches "Hüten", bei dem die Schafe die Rolle der Beutetiere spielen, erschwert oder verhindert. Auch die körperliche und geistige Reife für die Schafarbeit wird in der Regel erst ab 8. bis 12. Lebensmonat für ausreichend gehalten.

Andererseits habe ich persönlich keine schlechten Erfahrungen gemacht, wenn ich die Junghunde schon sehr früh (3. bis 4. Monat) gelegentlich mit zu den Schafen genommen habe. Für eine ernsthafte Ausbildung ist es jetzt allerdings noch zu früh, da die Lernfähigkeit und Konzentration anscheinend noch zu gering sind. Auch körperlich sollte ein weniger als ein Jahr alter Hund noch nicht stark belastet werden, um bleibende Schäden des Bewegungsapparates zu verhüten.

Interessieren den Junghund die Schafe überhaupt nicht, sondern wendet er sich anderen, viel interessanteren Dingen seiner Umwelt zu oder will er mit seinem Menschen spielen, so ist seine Entwicklung noch nicht weit genug fortgeschritten oder aber der bei Border Collies seltene Fall eines dauernden Mangels liegt vor. Man muß versuchen, die Aufmerksamkeit eines solchen Hundes auf die

Mit gespannter Aufmerksamkeit wartet „Bona" auf das Zeichen zum „Outrun".

Schafe zu lenken, indem man zunächst mit ihm zusammen die Schafe spielerisch verfolgt und vielleicht auch einmal eines fängt und den Hund dabei ermuntert mitzumachen.

Es ist wichtig, unbedingt zu vermeiden, daß ein Junghund bei seinen ersten Begegnungen mit Schafen schlechte Erfahrungen macht. Wird er etwa von einem aggressiven Mutterschaf gestoßen, von Tieren überrannt oder bekommt gar einen Stromschlag am Weidezaun, wenn er sich den Schafen nähert, so kann dies seine Initiative auf lange Zeit lähmen.

Ebenso ist eine zu große Strenge des Ausbilders am Anfang nicht angebracht. Auch sollte eine Übung nicht mit einem frustrierenden Ergebnis abgebrochen werden. Wenn man abschließend den Junghund schimpfend und unsanft in den Zwinger oder ins Auto befördert, weil er die Schafe davongejagt hat, so wird ihm dies den Spaß an der Sache verleiden.

Border Collies sind individuelle Wesen mit unterschiedlichen Charaktereigenschaften. Meist verfügen sie über erhebliche angeborene Fähigkeiten für Schafe. In den meisten Fällen sollte man dem Partner

Hund bei der Schafarbeit ein gewisses Maß an Eigenständigkeit zugestehen, oft muß er selbst entscheiden. Es ist nicht angemessen, den Border Collie wie einen Sklaven oder Automaten zu behandeln, der ferngesteuert zu funktionieren hat.

EINIGE FÜR DAS HÜTEN WICHTIGE VERHALTENSWEISEN DER SCHAFE

Herdentrieb

Die wichtigeste Voraussetzung zum Hüten von Schafherden mit Hunden ist der Trieb der Einzelschafe, sich mit den anderen zur Herde zusammenzuschließen. Besonders bei tatsächlicher oder vermeintlicher Gefahr, etwa beim Auftauchen eines Beutegreifers oder eines Hundes, schließen sich die Herdentiere enger zusammen und koordinieren ihre Bewegung.

Sind erst einmal einige Tiere oder ein "Leitschaf" in eine bestimmte Richtung oder etwa durch ein furchteinflößendes Tor gelaufen, so folgen die anderen nach. Der Drang, den Anschluß nicht zu verpassen, kann bei zurückgebliebenen Schafgruppen oder versprengten Einzelschafen zu panikartigen Reaktionen und kopflosem Davonstürmen führen. Einzelschafe lassen sich nur sehr schwer und manchmal gar nicht durch einen Hund in eine gewünschte Richtung bringen.

Duckreaktion

Die Neigung, sich durch Hinfallenlassen (Ducken in Versteck) dem Geschehen zu entziehen, ist bei vielen jungen Huftieren ausgeprägt. Auch manche erwachsene Schafe neigen zu einer solchen Verhaltensweise. Dieses Verhalten wird begünstigt durch Schwäche oder Erschöpfung eines Schafes oder auch durch zu starken Druck von Seiten eines Hundes.

Verteidigungsreaktion

Vor allem Mutterschafe mit sehr jungen Lämmern verteidigen ihre Position, indem sie mit den Füßen stampfen, den Kopf senken und gegen den Hund vorstoßen. Dieses Verhalten zeigen auch manche Schafe individuell. Häufig tritt es auf bei schweren Fleischschafen, Böcken, bei ausweglos in die Enge getriebenen Tieren oder auch bei schwülheißer sommerlicher Mittagshitze.

Tritt solches Verhalten auf, so hat der arbeitende Hund einen schweren Stand. Manchmal hilft

Der Welpe belauert die beiden respektablen Schafböcke.

nur ein Anspringen und Greifen des Schafes, manchmal führt ein größerer Abstand und behutsames Agieren zum Erfolg.

Einige erfahrene Border Collies schaffen es eindrucksvoll, durch die Kraft ihrer Augen auch viele widersetzliche Schafe in gewünschter Weise zu lenken.

DAS "HÜTE"-VERHALTEN DES BORDER COLLIES

Ein aufmerksamer Beobachter, der etwas von der Verhaltensweise der Tiere versteht, wird sehen, daß der Border Collie in seinem Arbeitseinsatz maßgeblich auf die Jagdinstinkte des Wolfsrudels aufbaut. Vor allem zu Beginn eines Sheepdog-Trials sind Border Collies ganz in ihrem Element, wenn sie hinauslaufen, sich unbemerkt hinter die Schafe begeben und diese dann geschickt und unerbittlich ihrem Menschen (Rudelchef) zutreiben.

Arbeiten hier zwei Hunde gleichzeitig, so nehmen sie meist von sich aus die Arbeitsteilung im Rudel vor, indem jeder Hund eine Flanke der Schafherde kontrolliert. Die Endhandlung des Jagdverhaltens im Wolfsrudel, nämlich das Beißen, Überwältigen, Töten und Verzehren des Beutetieres (Schafes) darf ein brauchbarer Arbeitshund natürlich nie zeigen. Dies würde ihn, so überragend seine sonstigen Talente auch seien, untauglich machen.

Border Collies sind in der Regel nicht mit Schafen sozialisiert, das heißt, sie sehen diese nicht, wie es die brauchbaren Herdenschutzhunde tun, als Rudelmitglieder an. Trotzdem verfügen sehr viele Border Collies aber über eine angeborene Hemmung, die sie daran hindert, Schafe zu beißen oder gar zu reißen. Die Unterordnung und der Gehorsam gegenüber ihrem Menschen kann sie natürlich auch in dieser Weise hemmen.

Manche Herdengebrauchshunde bereiten dem Schäfer erhebliches Unbehagen, wenn sie dazu neigen, Schafe zu reißen. Diese Hunde arbeiten aber praktisch immer unter Aufsicht des Schäfers, so daß er gegebenenfalls sofort auf sie einwirken kann. Viele Border Collies arbeiten mitunter lange außer Sicht- und Hörweite ihres Menschen. So wäre bei ihnen eine derartige Neigung vollkommen untragbar, da sie in einem solchen Fall unkontrollierbar sein würden.

ERSTE SCHRITTE ZUR AUSBILDUNG

Nehmen wir an, unser Border Collie-Welpe ist nun 8 bis 12 Monate alt. Er beherrscht seine Grundkommandos, und Schafe erregen seine Aufmerksamkeit. Jetzt wäre der Zeitpunkt gekommen, die individuelle Veranlagung des Hundes noch besser kennenzulernen und mit der Ausbildung zu beginnen.

Dabei gibt es kein starres und allgemein verbindliches Schema, das für jeden Menschen und jeden Border Collie am besten geeignet wäre, Erfolge zu erzielen. Jeder kann nur das empfehlen, mit dem er selbst gute Erfahrungen gemacht hat oder was er bei erfolgreichen Hütehundeführern beobachtet hat.

Ich selbst habe auf die hier beschriebene Art und Weise meine Hunde ausgebildet. Dies besagt jedoch nicht, daß es keine anderen Wege, vielleicht sogar bessere gibt.

Unterschiedliche Veranlagung des jungen Border Collies

Zunächst werden zwei Extreme unterschieden, die vor allem durch einen bestimmten, mehr oder weniger starren Gebrauch ihrer Augen (Eye) charakterisiert sind.

Ein Border Collie mit viel "Auge" (bisweilen zu viel) erstarrt bewegungslos, wenn er die Schafe sieht und fixiert sie. Die erste Schwierigkeit besteht hier darin, den Hund in Bewegung zu bringen und zu veranlassen, um die Schafe herumzulaufen.

Das andere Extrem ist ein Border Collie mit "losem Auge". Dieser Hund blickt unbefangen in der Gegend umher und findet es meist aufregend, diese interessanten Schafe herumzuhetzen, mitten hineinzuspringen und vielleicht auch mit dem Maul eine Wollprobe zu nehmen. Dazwischen gibt es alle möglichen Übergänge.

Ideal von der Veranlagung her ist ein Hund mit so viel "Auge", daß er die Schafe fixiert und sich vorsichtig auf sie zu oder um sie herumbewegt. Es gibt auch den Glücksfall, daß der Welpe schon beim ersten Schafkontakt aus eigenem Entschluß im weiten Bogen hinter die Herde läuft, dann stoppt und sich hinlegt, oder beginnt, die Schafe seinem Menschen zuzutreiben.

Am Anfang seiner Hütehundelaufbahn sollte der Junghund auf "brave", hundegewöhnte Schafe stoßen, die den Bewegungen des Hundes Folge leisten, ohne allzu schreckhaft zu sein oder sich gar aggressiv zur Wehr setzen.

Am besten beginnen die ersten Übungen auf einer umfriedeten

Behutsames Wenden der Jungböcke.

„Anima" hält den Punkt der Balance, so daß die Schafe sich ruhig in der gewünschten Richtung bewegen.

Koppel. Die Schafe sollen zu Beginn etwa in der Mitte der Koppel in einigem Abstand zu den Begrenzungen stehen. Sie sollten recht zahm sein, das heißt, nur eine geringe Fluchtdistanz zum Menschen haben.

DIE WICHTIGSTEN "HÜTE"-AKTIONEN

Das Zutreiben und Nachbringen der Schafe

Eine Möglichkeit zu beginnen ist es, den Hund mit dem Befehl "Mach Platz, Bleib da" am einen Ende der Koppel abzulegen. Jetzt begibt man sich selbst zum anderen Ende, so daß sich die Schafe in gerader Linie zwischen Hund und Mensch befinden. Nun kann man den Hund zu sich rufen.

Wenn er sich jetzt auf geradem Wege nähert, so reagieren die Schafe auf den näher kommenden Hund. So wird sein Interesse leicht auf die Schafe gelenkt. Kommt er den Schafen zu nahe, folgt jeweils ein "Platz"-Kommando.

So lernen die meisten Hunde schnell, die Schafe ihrem Menschen zuzutreiben. Das Kommando "Komm" wird dann mit einem Befehl für "gerade auf die Schafe zugehn", etwa "voran", kombiniert, der schließlich allein verwendet wird, wenn der Hund auf die Schafe zugehen soll.

Mitunter zeigt sich der Jundhund anfänglich recht ungestüm oder die Schafe sind von ihrem Charakter her schlecht geeignet. In diesen Fällen ist es ratsam, in der Mitte der Koppel einen kleinen runden Pferch aus Drahtgitter aufzubauen, in dem die Schafe sicher aufbewahrt werden und einen festen Bezugspunkt darstellen.

Rechts und Links

Für den Beginn des Einübens der Richtungen ist ein solch kleiner runder Pferch in besonderem Maße geeignet. Man kann sich so ganz auf seinen Hund konzentrieren. Die Schafe stehen fest und stören die Lektion nicht durch Weglaufen. Es geht jedoch mit geeigneten Schafen auch ohne ein solches Hilfsmittel.

Zunächst legen wir den Hund ab und stellen uns zwischen ihn und die Schafe etwas seitlich vor ihn. Nun ermuntern wir ihn, in einer Richtung um die Schafe zu laufen, indem wir innen mitlaufen . Sobald der Hund mitläuft, müssen wir ihn loben. Den Bezugspunkt für die Aktion stellen immer die Schafe dar.

So bedeuted "Away to me" das traditionelle englische Kommando für "lauf rechts", der Hund muß entgegen der Uhrzeigerrichtung um die Schafe laufen. Entsprechend bedeutet "Come bye" "geh links", daß er in Uhrzeigerrichtung um die Schafe laufen soll.

Je nach Talent des Hundes können beide Richtungen nacheinander oder auch von Anfang an zusammen eingeübt werden. Wichtig ist dabei, selbst immer die richtigen Richtungskommandos zu geben. Wenn man selber "rechts" und "links" verwechselt und gar den Hund fälschlicherweise "korrigiert", so führt dies natürlilch zur Verwirrung und bringt immer einen Rückschlag.

Drängt der Hund immer zu den Schafen, indem er enger läuft, so muß er jeweils hinausgedrückt werden, indem man ihm entgegenläuft. Wer nicht schnell genug mithalten kann, sollte den Hund durch Platzkommando stoppen, bevor er die Schafe erreicht. Dies erfolgt auch, wenn er selbständig die

Erste Erkundungen auf dem späteren Arbeitsgebiet.

Richtung wechselt. Ist der Hütehundelehrling nach einger Zeit soweit fortgeschritten, daß er mit Freude in der gewünschten Richtung um die Schafe läuft, so wird er dann gestoppt, wenn er sich uns gegenüber auf der anderen Seite befindet. Aus dieser 6 bzw. 12 Uhr-Position kann er dann wiederum dazu aufgefordert werden, gerade auf die Schafe zuzugehen und sie uns nachzutreiben.

Das Hinauslaufen (Outrun)

Wenn der Hund schon eine Vorstellung davon hat, rechts oder links herum hinter die Schafe in die 12 Uhr-Position zu laufen, so vergrößert man den Abstand zu dem Punkt, von dem man ihn losschickt allmählich immer mehr.

Manche Hunde haben eine natürliche Veranlagung zum Outrun. Sie können es mehr oder weniger von selbst. Hat der Hund die Neigung, immer wieder von vorn oder eng von der Seite an die Schafe zu laufen, so muß er jeweils gestoppt und erneut weiter hinausgeschickt werden. Dies erreicht man, indem man sich wiederum schräg vor ihn stellt und ihn im Laufen hinausdrückt.

Border Collies mit der Neigung, eng zu laufen, benötigen ein ausdauerndes Training für einen perfekten Outrun. Das Richtungskommando kann dann mit einem eigenen Befehl für den Outrun kombiniert werden. Viele Trialteilnehmer benutzen später nur noch einen Zischlaut, um den in Position stehenden Hund loszuschicken.

Das Flankieren

Zu einem optimalen Flankieren soll der Hund ziemlich rechtwinkelig nach rechts oder links gehen. Dies üben wir ebenfalls, indem wir uns vor ihn stellen und so diese Reaktion durchsetzen können.

Das Wegtreiben

Es entspricht der Veranlagung des Border Collies, die Schafe seinem Menschen zuzutreiben. Ein Hund aus einer Schafarbeitslinie benötigt hierzu oft nicht einmal eine Ausbildung.

Das Wegtreiben widerstrebt dagegen zunächst seinem Empfinden. Wir sollten dies erst einüben, wenn er das Nachtreiben und das in gewünschter Richtung Um die Herde Laufen schon ganz gut beherrscht.

Wir rufen den Hund zu uns und gehen mit ihm zusammen auf die Schafe zu, wobei immer wieder das Kommando für gerade gesprochen wird. Versucht der Hund, die nach vorn ausweichenden Schafe rechts oder links zu überholen, wird er jeweils gestoppt und zurückgerufen. Mit der Zeit bleibt man selbst immer etwas weiter hinter seinem Hund zurück und läßt ihn vorneweg die Schafe treiben.

"Zurück"

Schon bald erweist es sich als zweckmäßig, dem Hund ein Kommando beizubringen, das ihn veranlaßt, zurückzulaufen und den Abstand zu den Schafen zu vergrößern. Diese Reaktion braucht man, wenn der Hund durch zu geringen Abstand zu viel Druck auf die Schafe ausübt. Auch wenn er ein Teil der Herde vergessen hat, so kann man ihn damit veranlassen, seine Aufmerksamkeit den zurückgebliebenen Tieren zuzuwenden.

Man übt dies ein, indem man zwischen den Hund und die Schafe tritt, den Hund mit den Händen wendet und ihn zurückdrückt. Hat sich sein Abstand auf die gewünschte Distanz vergrößert, so folgt ein Platz- oder Flankierkommando.

Soll er sich zurückgebliebenen Schafen zuwenden, so erfolgt eine entsprechende Anweisung, wenn er diese bemerkt hat.

Ihre höchste Vollendung erreicht diese Rücksendeaktion, wenn auf Trialveranstaltungen zwei weit auseinanderstehende Schafgruppen nacheinander herangeholt werden sollen.

Das "Greifen"

Hierbei handelt es sich um die Anweisung, ein Schaf anzuspringen und mit den Zähnen zu stoßen. Das Anspringen des Border Collies bei störrischen Schafen ist auf Trialveranstaltungen verpönt und wird, wenn man den Bezug zur Praxis bedenkt, oft zu hart durch Disqualifikation bestraft. Ein richtiger verletzender Biß kommt bei Border Collies nur sehr selten vor, da die meisten eine angeborene Beißhemmung haben. In der Praxis kommen wir ohne eine derartige Aktion des Hundes in vielen Situationen nicht aus. Etwa wenn die Schafe ausprobieren, wie weit

sie bei dem Hund gehen können, den sie durch täglichen Umgang kennen.

Wenn bei einem Umtrieb der Herde einige Tiere beginnen, sich in das hochstehende Getreide des Nachbarn hineinzufressen, so nützt dem armen Border Collie weder ein "gutes Auge", noch ein geschicktes Bogenlaufen. Hierfür ist unter diesen Umständen kein Platz. Auch wenn die vorn gehenden Tiere einer kleineren Herde sich beharrlich weigern,eine unbekannte Passage oder ein Koppeltor zu durchschreiten, so kann auch ein Border Collie mit viel Auge nichts erreichen, wenn er die Schwänze der hinten stehenden Tiere betrachtet.

Man kann dem Hund das Greifen eines Schafes auf Befehl beibringen, indem man ihn mit anstachelndem Tonfall etwa "Nimm es" ermutigt, wenn ein besonders störrisches Schaf wie angewurzelt stehen bleibt. Auch wenn ein Schaf festgehalten wird, kann man den Hund ermuntern, es anzuspringen. Ausgezeichnet ist es, wenn der Border Collie ein sich stellendes Schaf nur ganz kurz, aber entschlossen an die Nase stößt und sofort abläßt, wenn sich das Schaf fügt. Dieses Ideal dürfte aber bei sehr vielen Hunden kaum erreichbar sein.

Ein Hund, der unter Praxisbedingungen gewöhnt ist, Schafe anzuspringen, kann natürlich nur schwer verstehen, daß er dies auf einem Trial nicht darf. So erhöht sich das Risiko für das Team, wegen "Greifens" disqualifiziert zu werden. Es kommt sogar vor, daß ein Border Collie disqualifiziert wird, weil er eingeigelte oder fressende Fleischschafe auf dem

„Shedding". „Anima" hat zwei Schafe aus dem Herdenverband gelöst und treibt sie weg.

Trialfeld durch einen Scheinangriff anbewegt, ohne überhaupt ein Schaf zu berühren. Ein solcher Richterentscheid hat natürlich mit praktischer Schafarbeit so viel zu tun, wie die Bewertung einer Hundefrisur auf einem Schönheitswettbewerb.

Zweifellos ist der Border Collie, der alle Schafe auf dem Trialfeld wunschgemäß bewegt, ohne sie zu berühren, der Bessere. Jedoch besteht oft eine große Unzufriedenheit, wenn ein Hund bei sonst gutem Lauf wegen eines umstrittenen "Greifens" alle Punkte verliert, ein anderer ungeschoren davon kommt, weil sein "Greifen" übersehen wurde. Auch deswegen würde eine Regelung, die je nach Umständen zu einem entsprechenden Punktabzug oder zu einem Abbruch ohne den Verlust der bislang erhaltenen Punkte führt, dem Problem eher gerecht werden. Einzig ein offensichtlich verletzender Biß (kein Wollehaschen) sollte auf dem Trialfeld zur Disqualifikation führen.

Heute scheinen sich unter den Border Collies, die an Schafen arbeiten, schon zwei unterschiedliche Typen herauszubilden. Zum einen der Hund, der dafür da ist, Sheepdog-trials zu gewinnen, und den man deshalb auch nur dafür trainiert und möglichst nicht zur Arbeit nimmt. Für die alltägliche Arbeit an der Herde braucht man dann einen anderen Hund, der wegen seiner alltäglichen Praxiserfahrungen zu viele schlechte Gewohnheiten hat, um auf einem Sheepdog-trial noch bestehen zu können. Ob diese Entwicklung wünschenswert ist, sei dahingestellt.

Das Abtrennen einiger Schafe aus der Herde (Shedding)

Nachdem wir von unserem Hund in vielen Übungen immer wieder das Zusammenhalten der Herde verlangt haben, fordern wir nun das Gegenteil. Das Abtrennen sollte deshalb am Ende der Grundausbildung zum Hütehund stehen und auch nicht zu häufig durchgeführt werden.

Für diese Übung sind Schafe geeignet, die etwa gleich viel Furcht vor Mensch und Hund haben (etwa gleiche Fluchtdistanz einhalten). Völlig zahme Schafe, die sich an den Menschen drängen, oder Schafe, die zwar vor Menschen Furcht zeigen, aber den Hund nicht respektieren, sind nur sehr schwer zu trennen.

Der Hund muß zum Abtrennen eines Teiles der Herde seinem Herrn gegenüber auf der anderern Seite der Herde stehen. Auf Anweisung muß er durch die Herde zu seinem Herrn laufen und den gewünschten Teil der zur Seite weichenden Tiere kontrollieren und weiter von den anderen Tieren wegtreiben.

Das Absprengen einzelner Tiere von der Herde gehört zu der ursprünglichen Jagdtechnik des Wolfsrudels. Kommt dieser Instinkt zum Durchbruch und trennen die Hunde aus eigenem Entschluß Herdentiere ab, um sie dann zu überwältigen, so hat der Schäfer ein großes Problem.

Furche laufen

Für das Furchelaufen gibt es andere Hütehunderassen, die hierfür besser geeignet sind. So übertreffen etwa die meisten Altdeutschen Hütehunde an Ausdauer vor allem bei heißem Sommerwetter und auch in ihrer Härte, sich bei einer Großherde schwerer Fleischschafe Respekt zu verschaffen, die meisten Border Collies.

Ein Hütehund, der gut die

Furche hält, achtet selbständig darauf, daß kein Tier der Herde eine vom Schäfer vorgegebene gerade Grenzlinie überschreitet.Obwohl Border Collies keine Spezialisten für das Furchelaufen sind, können sie das Prinzip meist sehr schnell lernen, oft sogar schneller als manche Herdenhunde.

Wenn man eine kleinere Schafherde besitzt und diese gelegentlich auf geeigneten Parzellen zur Futteraufnahme hüten will, so ist es gut, einen Border Collie zu haben, der auch hiervon etwas versteht.

Wir können unserem Hund das Furchelaufen beibringen, indem wir zunächst mit ihm an der Leine einer gut erkennbaren Grenzlinie folgen, etwa einer frischen Ackerfurche oder einem Graben entlang, und hierbei immer wieder das Kommando "Furche" gebrauchen. Bald kann man die Leine weglassen. Wenn er dann selbständig ein Stück in der Furche läuft, muß er in Verbindung mit dem immer wiederholten "Furche"-Kommando gelobt werden.

Eine kleine Schafherde kann man zur Not auch ohne ein Furchenkommando mit einem Border Collie, der seine Richtungen beherrscht, hüten. Kleine schmale Parzellen zwischen verlockenden Acker- oder Gartenstücken eignen sich hierzu aber schlecht.

Das Furchelaufen unterscheidet sich stark von den speziellen Border Collie-Aufgaben, die immer das Treiben von Schafen betreffen. Für Sheepdog-trials hat es keinerlei Vorteile, wenn der Hund das Furchelaufen beherrscht. Vielleicht ist es sogar etwas hinderlich, um sehr gute Trialleistungen zu erreichen.

PRAKTISCHER EINSATZ AN DER EIGENEN SCHAFHERDE

Border Collies werden aufgrund ihrer Veranlagung und Leistungen in erster Linie bei der Koppelschafhaltung eingesetzt.

Wenn der Hund seine Richtungskommandos zuverlässig beherrscht und sich sicher in jeder Situation stoppen läßt, so ist die Grundvoraussetzung zum praktischen Gebrauch bei der Koppelschafhaltung gegeben. Durch häufigen Einsatz bekommt der Hund immer mehr Erfahrung mit seinen Schafen. Die Schafe ihrerseits lernen den Hund kennen und gewöhnen sich an viele Umtriebe, die häufiger vorkommen.

Beobachtet man bei seinem Hund Fehler oder schleichen sich schlechte Gewohnheiten ein, so müssen jeweils gezielte Übungen entsprechende Abhilfe schaffen.

TEILNAHME AN SHEEPDOG-TRIALS

Die in England sehr populären und auch in verschiedenen europäischen Ländern zunehmenden Trials (trial = Prüfung) sind Veranstaltungen, auf denen die Border Collies ihre überragenden Fähigkeiten, mit Schafen umzugehen, demonstrieren können.

In England finden über 100 Trials im Jahr statt; auch werden Preisgelder ausgesetzt. Ein Top-Trialgewinner muß etwa 100 Konkurrenten überflügeln. Mit Border Collies sind zum Teil erhebliche wirtschaftliche Interessen verbunden.

In Deutschland und in den übrigen Ländern Kontinentaleuropas gibt es bisher nur wenige Trials im Jahr. Es können neben der Ehre nur symbolische Preise gewonnen werden. Dies meine ich, ist eine gute Sache, und es sollte so bleiben.

Vor allem für jemandem, der das Glück hat, mit einem ausgezeichneten Border Collie zusammenarbeiten zu können, stellen diese Trials eine reizvolle sportliche Aufgabe dar. Sie erfüllen auch den Zweck, die Leistungen der guten Hunde im Wettbewerb vergleichen zu können und ermöglichen eine entsprechende Zuchtauswahl.

Die Trialanforderungen sind abgestimmt auf Hunde, die in weiter offener Landschaft auf einer Farm ihren Dienst tun. Mit den Praxisanforderungen in einer dichtbesiedelten Parzellenflur stimmen sie nicht ganz überein.

Will man mit seinem Border Collie an Trialveranstaltungen teilnehmen, so sollte man sich in Deutschland an die Border Collie Arbeitsgemeinschaft (siehe Adressen) wenden. Unter der Obhut dieses Vereins werden auch für Anfänger Seminare und Trialklassen mit leichteren Anforderungen durchgeführt.

Ein guter Trialhund muß in einem Outrun in weitem Bogen hinter die Schafe laufen, behutsam den Kontakt zu ihnen aufnehmen (Lift), sie in gerader Linie, indem er selbständig den Punkt der Balance einhält, seinem Menschen zutreiben (Fetch).

Auch für das Weg- und Quertreiben ist es wichtig, daß der Hund es versteht, den Punkt der Balance zu finden. Der Hund muß eine natürliche Veranlagung haben, Schafe richtig einzuschätzen. Er muß gehorsam und schnell sein, sollte eine gleichbleibende Ruhe ausstrahlen und über so viel "Auge" verfügen, daß er den Schafen seinen Willen aufzwingen kann.

Jemand, der zum ersten mal mit seinem Hund an einem Hütewettbewerb teilnehmen möchte, sollte sicher sein, den Hund in Gegenwart von Schafen stoppen zu können. Dies ist eine unbedingte Voraussetzung. Leider kann auch bei sonst immer folgsamen Hunden eine gelegentliche Enttäuschung in dieser Hinsicht nicht gänzlich ausgeschlossen werden. Durch unkontrollierbare Hunde jedoch, welche die Schafe hetzen, entsteht ein schlechter Eindruck. Sogar Unfälle durch davonstürmende Tiere können die Folge sein. Dies stimmt den Veranstalter und den Schafbesitzer traurig und entspricht auch nicht den üblichen Border Collie Gepflogenheiten.

Will man letztlich Trialerfolge erzielen, so muß man über gute Übungsmöglichkeiten (eigene Schafe), Zeit und Ausdauer verfügen, seinen Hund zu fördern. Spitzenleistungen können bei harter Konkurrenz nur Hunde erzielen, die auch eine überragende angeborene Veranlagung für diese Schafarbeit haben.

DIE ARBEIT BEI ANDEREN HERDENTIEREN

Weltweit werden Border Collies vor allem zur Schafarbeit eingesetzt. Jedoch eignen sie sich auch zum Hüten anderer Haustiere, die dazu neigen, sich in Herden zusammenzuschließen.

Neben Ziegen, Gänsen, Enten, Puten und sogar mit Einschränkung Gatterwild, werden die Hunde recht häufig bei Rindern verwendet. Gerade die Rinderarbeit unterscheidet sich stark von der Arbeit an Schafen. Ein Rinderhund (Cattledog) muß härter vorgehen und die Technik des Beißens in Höhe der Afterklauen beherrschen. Statt weiter Bögen sind oft enge Attacken nötig, um bei Rindern

Erfolg zu erzielen. Für den Hund ist die Rinderarbeit ungleich gefährlicher als die Schafarbeit. Viele Border Collies sind schon durch Tritte oder Kopfstöße verletzt oder getötet worden. Benötigt man einen Hund zur Rinderarbeit, so sollte man schon bei der Auswahl und Abstammung auf entsprechende Spezialeignung achten.

Border Collies arbeiten still und konzentriert, nur selten versuchen sie, durch Bellen etwas zu erreichen. Das Bellen wird häufig durch eine gewisse Unsicherheit und Aufregung ausgelöst und ist so auch bei dem Versuch, Rinder zu bewegen, mitunter zu beobachten.

Wurden die Rinder schon als Kälber daran gewöhnt, sich von einem Border Collie treiben zu lassen, so sind sie auch als Erwachsene meist lenkbar. Erwachsene Rinder, die bisher keine Erfahrung mit einem Hund hatten, sind am Anfang schwer zu hüten, da sie meist auf die Hunde zustürmen, stoßen und ausschlagen.

Anima hält die Ackerfurche nach Art eines deutschen Herdengebrauchshundes.

Dieses Lamm hat sich schnell von der Herde entfernt und zeigt eine „Duckreaktion“. Anima ist etwas ratlos.

Kapitel Sechs

DER KAUF EINES BORDER COLLIES

Welpenkauf

Rüde oder Hündin

Wo bekommt man seinen Welpen?

Hund zur Schafarbeit

Familienhund

Der Kauf eines erwachsenen Border Collies

„Belle“ und ihr Bruder „Ben“. Der Kontakt zum Menschen ist für die Prägung wichtig.

Ein Border Collie soll es sein. Diese Entscheidung ist nach gründlicher Prüfung aller Umstände gefallen. Sei es, daß man einen guten Hund zur Arbeit an den Schafen braucht. Sei es, weil der Wunsch nach einem aktiven, intelligenten Hund mit den Vorstellungen und den zeitlichen und räumlichen Möglichkeiten für eine Partnerschaft mit einem solch anspruchsvollen Tier übereinstimmt.

Wie können wir nun zu unserem Border Collie kommen? Welchen Hund sollen wir wählen? Soll es ein Welpe oder ein erwachsener Hund sein, Rüde oder Hündin, auf welche Abstammung, Ausbildung oder Aussehen legen wir Wert?

WELPENKAUF

Die meisten Hunde kommen als Welpen im Alter von 7 bis 12 Wochen zu ihren neuen Besitzern. Wegen der Förderung der Grundlagen im artspezifischen Verhalten ist dies auch der beste Zeitpunkt für die Integration in sein neues Menschenrudel.

Bei einem Welpen hat man von Anfang an die besten Möglichkeiten, ihn nach eigenen Wünschen zu beeinflussen und zu erziehen. Außer seiner allgemeinen Prägung auf Menschen und Hunde hat dieses junge Tier noch kaum Erfahrungen gesammelt und auch noch nicht durch falsche Behandlung Schaden gelitten. Viele Möglichkeiten stehen offen, und viele Anlagen schlummern noch unerkannt.

Über die Möglichkeit, aus einem Wurf anhand von Beobachtungen und Tests den Welpen auszusuchen, der die gewünschten Charaktereigenschaften hat, gibt es viele mehr oder weniger begründete Ansichten. Auch in vielen Fachbüchern kann man entsprechende Ratschläge nachlesen. Immer wird davor gewarnt, einen besonders zurückhaltenden und im Vergleich zu seinen Geschwistern scheuen Welpen auszuwählen, da aus einem solchen Tier nie ein ausgeglichener und selbstbewußter Hund werden könne.

Nun werden wohl die Fachleute entsprechende Erfahrungen gemacht haben, die zu diesem Urteil und entsprechendem Rat geführt haben. Die Möglichkeit, hier wirklich zu gesicherten Erkenntnissen zu kommen, haben wohl nur wenige Leute, die in ihrem Leben auf eine große Erfahrung mit vielen einzelnen Hunden zurückblicken können.

In dem Fall meiner eigenen Hündin "Bona" trifft eine solche Vermutung jedenfalls nicht zu. Etwa ab der 11. Lebenswoche entwickelte sich aus diesem einzigen, scheuen und ängstlichen Welpen des Wurfes ein selbstbewußter und ausgeglichener Hund, der zudem große Talente in Schafarbeit an den Tag legte. Heute bin ich froh, diesen Welpen für mich behalten zu haben.

Das andere Extrem, ein dominanter Welpe, der alle seine Geschwister unterdrückt und etwa knurrend und um sich schnappend den Futternapf für sich allein beansprucht, wird nur für besonders erfahrene und durchsetzungsstarke Persönlichkeiten empfohlen. Bei solchen Rabauken habe ich übrigens immer gleich eingegriffen, sie hochgenommen und ihnen einige erzieherische Worte gesagt. Meist haben sie dann friedlich zusammen mit ihren Geschwistern weitergefressen.

Auch gibt es die Überzeugung, durch einen Test schon bei sechs Wochen alten Welpen Aufschluß über ihre Eignung zur Schafarbeit bekommen zu können. Diese Ratschläge mögen alle auf entsprechenden Erfahrungen beruhen, und wer sich danach orientieren will, der möge dies tun. Ob die Wahl richtig war, stellt sich immer erst später heraus und manchmal nie, da naturgemäß die Vergleichsmöglichkeiten meist fehlen.

Es gibt zwar in jedem Wurf Tiere, die eine dominante Position einnehmen und solche, die hinten anstehen. Jedoch hängt eine solche Stellung natürlich ganz entscheidend von zufälligen Konstellationen ab, etwa der Wurfstärke und davon, wie die Geschwister und die frühen Umweltbedingungen ausgefallen sind und nur zu einem Teil von erblicher Veranlagung.

Werden aus einem großen Wurf dominante Welpen schon frühzeitig abgeholt, so legen nun von den verbliebenen meist gleich einige deren Verhaltensweisen an den Tag. Wären also ihre dominanten Geschwister gar nicht in dem Wurf geboren, so hätte man diese "unauffälligen" Welpen für "Kopfhunde" gehalten.

So scheint mir nach wie vor auch einiges für dieses Auswahlverfahren zu sprechen: Man greift einen Welpen heraus und guckt, ob er das gewünschte Geschlecht hat, und ob er gefällt, und danach trifft man die Wahl. Deswegen ist eine grundsätzliche Scheu davor, den letzten Welpen eines Wurfes zu nehmen, nicht angebracht. Von einigen solchen Tieren, die übrigblieben, nachdem die Wurfgeschwister schon ausgesucht worden waren, wird berichtet, daß sie zu überragenden Border Collies wurden.

Rüde oder Hündin

Ob man einen Rüden oder eine Hündin bevorzugt, ist eine Frage persönlicher Vorliebe. Beide Geschlechter sind grundsätzlich gleich gut geeignet, zu liebenswerten, wohlerzogenen Familienmitgliedern und zu guten Arbeitshunden heranzuwachsen.

Rüde wie Hündin brauchen eine verständnisvolle und konsequente Erziehung. Die Rüden entwickeln sich meist zu stattlicheren und eindrucksvolleren Vertretern ihrer Rasse, manche sind vergleichsweise etwas selbstbewußter. Der Drang, durch Urin an vielen Ecken das Territorium zu markieren, und die Faszination, die eine läufige Hündin auf ihr Sinnen und Trachten ausübt, kann mitunter als störend empfunden werden.

Border Collie Rüden stellen aber sogar ihre sexuellen Gelüste zurück, wenn sie eine Arbeitsaufgabe zu erfüllen haben. So widmen sich die Rüden auf dem Trialfeld ganz ihrer Schafarbeit, auch wenn zuvor eine läufige Hündin hier gehütet hat.

Im Sozialleben der Hunde untereinander sind Rüden gegenüber Hündinnen und Welpen freundlich und duldsam. Ihre Rivalität zu anderen Rüden führt selten zu ernsten Kämpfen. Wogegen es zwischen fremden Hündinnen untereinander manchmal weniger Rücksichten gibt.

Einer Hündin wird oft eine leichtere Erziehbarkeit und größere Anhänglichkeit zugeschrieben. Jedoch trifft dies nicht in jedem Fall zu.

Die Läufigkeit, die sich ein- bis zweimal im Jahr einstellt, (erstmals meist zwischen 7 und 12 Monaten), erfordert jeweils über etwa drei Wochen eine erhöhte Aufmerksamkeit und Vorsichtsmaßnahmen, damit es nicht zu unerwünschtem Hundenachwuchs kommt. Das Problem der freilaufenden Rüden, die sich zu solchen Zeiten um das Anwesen versammeln, nimmt anscheinend hierzulande ab, da sich die Menschen besser um ihre Hunde kümmern und das gefahrvolle Streunen unterbinden.

WO BEKOMMT MAN SEINEN WELPEN?

Border Collies werden unter Obhut eines deutschen Zuchtverbandes oder/und mit Abstammungsnachweisen der ISDS gezüchtet. Außerdem gibt es immer wieder Würfe von Border Collies oder ähnlichen Hunden, die ohne Papiere und Zuchtbestimmungen manchmal auch zufällig zustandegekommen sind.

Hund zur Schafarbeit

Sucht man einen Welpen zur Schafarbeit und hat man sogar eventuell die Teilnahme an Sheepdogtrials für später ins Auge gefaßt, so sollte man auf jeden Fall darauf achten, daß beide Elterntiere des Welpen sich in Schafarbeit bewährt haben. Es kann zwar auch unter dieser Voraussetzung hin und wieder vorkommen, daß der Welpe die in ihn gesetzten Hoffnungen nicht erfüllt. Auch können mitunter Hunde, von denen es nicht zu erwarten war, gute Arbeitshunde werden. Aber die Wahrscheinlichkeit, solche Überraschungen zu erleben, ist gering.

Am besten ist es, wenn man selbst die Eltern hat arbeiten sehen. Die Mutterhündin wird meist vom Züchter gern einmal vorgeführt. Hat dann der Vater, der oft nicht in der Nähe lebt, Trialerfolge vorzuweisen, so darf man in Bezug auf die Arbeitsveranlagung der Welpen gute Hoffnungen haben.

Aber auch unter den guten Schafarbeitshunden gibt es in Bezug auf Charakter, Arbeitsstil und Temperament erhebliche Unterschiede. Seinen persönlichen Vorlieben entsprechend, sollte man sich anhand der Beobachtung der Elterntiere ein Urteil bilden und eine entsprechende Wahl treffen.

Sind die Welpen nach den Richtlinien des VDH gezüchtet, so ist ihre Abstammung dokumentiert und die Wahrscheinlichkeit für zunächst verborgene schwere Erbleiden etwas vermindert. Die Zuchttiere müssen vor ihrem Zuchteinsatz Untersuchungen über sich ergehen lassen.

Die Papiere der ISDS (International Sheepdog Society) besagen nicht unbedingt, daß die Welpen von noch schafarbeitsbewährten Eltern abstammen. Dies wird bei Tieren, die von ISDS-Hunden abstammen, nicht geprüft. Andererseits kann ein bislang nicht von der ISDS registrierter Border Collie nur durch überdurchschnittliche Erfolge auf Hütewettbewerben seine Registrierung erreichen.

Entscheidet man sich für einen Welpen ohne Abstammungsnachweis, der natürlich erheblich billiger zu haben ist, so muß man besondere Vorsicht walten lassen, um keine Enttäuschung zu erleben. Der Preisunterschied von einigen hundert Mark sollte jedenfalls nicht entscheidend sein für die Wahl eines Hundes, der die in ihn gesetzten Hoffnungen erfüllen soll und mit dem man mehr als ein Jahrzehnt zusammen leben will.

Border Collies ohne Papiere können natürlich auch unter Umständen gute Schafarbeit leisten. Sie dürfen auch auf den meisten organisierten Hütehundewettbewerben teilnehmen. Eine anerkannte Weiterzucht ist jedoch mit ihnen kaum möglich.

Familienhund

Entscheidet sich jemand für einen Border Collie als Partner, ohne ihn für seine ursprüngliche Tätigkeit einsetzen zu können, so sollte er jedenfalls keinen Welpen wählen, der von bestimmten übereifrigen Schafarbeitstieren abstammt. Die Gefahr, daß ein solcher Welpe nicht ausgelastet werden kann, ist groß.

Border Collies, die mit ruhigem ausgeglichenen Temperament an Schafen arbeiten, wenn es von ihnen gefordert wird, und die auch an anderen Aktivitäten Freude haben, sind hingegen für ein Leben als geliebte und verständnisvoll sportlich geforderte Familienhunde geeignet. Außerdem gibt es mittlerweile Border Collies, die zum Teil schon seit Generationen nicht mehr ihre eigentlichen Aufgaben erfüllen. Dies mag man bedauern. Die Entwicklung wird jedoch nicht aufzuhalten sein.

Ein Welpe mit VDH-Abstammungsnachweis bietet auch hier gewisse Sicherheiten bezüglich seiner Eigenschaften. Manche organisierte Sportarten (Agility) stehen oft nur anerkannten Rassehunden offen. Wenn Sie Vergnügen daran finden, ihren Border Collie auf Hundeschauen (Schönheitswettbewerben) vorzustellen, so sind natürlich VDH-Papiere Voraussetzung. Ebenso neben anderen Bedingungen auch für eine anerkannte Zucht.

Gegen die Ausstellung eines Border Collies auf einem Schönheitswettbewerb ist nichts einzuwenden. Dem Einzelhund wird es nicht schaden. Für Ausstellungszwecke sollen die Welpen natürlich schon dem Standardideal nahekommen. Jedoch wird den Border Collies hier eine recht große Variabilität zugestanden. Zum alleinigen Zweck, auf Ausstellungen vorgeführt zu werden, sollte man jedoch keinen Border Collie halten. Andere aktive Betätigung darf nicht vernachlässigt werden.

Bei jedem Welpenkauf ist darauf zu achten, daß die Hunde gesund und haltungsbedingt sehr menschenbezogen sind. Gerade die Prägung auf den Menschen, die nur durch viele enge Kontakte während der frühen Welpenzeit zustandekommt, ist die wichtigste Voraussetzung für eine harmonische Partnerschaft.

Die Abstammung von bewährten Schafarbeitshunden läßt erwarten, daß die Welpen entsprechende Anlagen mitbekommen haben. So ist es wahrscheinlich, daß Elterntiere, die in einem anderen Verwendungszweck große Erfolge vorweisen, an ihre Welpen ebenso Anlagen für diese Talente weitergeben.

DER KAUF EINES ERWACHSENEN BORDER COLLIES

Gegenüber der Anschaffung eines Welpen, die viele Vorteile hat, ist die Übernahme eines erwachsenen Hundes seltener. Ein erwachsener Hund hat in seinem bisherigen Leben schon viele (positive und negative) Erfahrungen gemacht, die seinen Charakter prägen.

Mitunter werden etwa einjährige Hunde zum Verkauf angeboten, weil sie bezüglich spezieller Ausbildungsziele den Erwartungen nicht genügen. Auch bilden manche Leute Welpen zur Schafarbeit aus, um sie bei Erfolg dann zu einem höheren Preis verkaufen zu können. Manchmal wechseln auch Hunde, die Spitzenleistungen erbracht haben, sogar in höherem Alter zu meist hohen Preisen den Besitzer. Ein erwachsener Hund braucht immer eine längere Zeit, um sich ganz auf seinen neuen Menschen einzustellen. Beim Kauf eines erwachsenen Hundes sollte man stets durch Beobachtung und Gespräch mit dem Vorbesitzer möglichst viel über die Eigenschaften und Fähigkeiten (und auch Fehler) erfahren. Diese Kenntnisse sind hilfreich für den richtigen Umgang und erleichtern dem Hund die Umstellung.

In den seltenen Fällen, in denen Border Collies aufgrund widriger Umstände und/oder wegen bestimmten Fehlverhaltens über ein Tierheim oder andere Personen vermittelt werden, sind solche Kenntnisse der Vorgeschichte besonders wichtig. Ein Hund mit schwerwiegenden Verhaltensabweichungen sollte nur von Menschen übernommen werden, die über die nötigen Kenntnisse und Passion verfügen, um mit diesem Tier eine wiederum harmonische Beziehung aufzubauen.

Border Collie als Familienhunde brauchen Verständnis und eine angemessene „Führung".

Kapitel Sieben

HALTUNG UND FÜTTERUNG

Haltung

Pflege

Fütterung

Gefahren bei selbstbereitetem Futter

Vergiftung

Hundesteuer

Haftpflichtversicherung

Die Hütte bietet Geborgenheit und Rückzugsmöglichkeit.

HALTUNG

Vieles spricht dafür, den Border Collie im Wohnbereich seiner Menschenfamilie zu halten. Die Beziehung wird durch den häufigen engen Kontakt vertieft, die ständige Anwesenheit eines netten, gut erzogenen Hundes bereitet viel Freude.

Im Hause sollte der Border Collie einen bestimmten Ruheplatz haben, den er als seinen Bereich akzeptiert. Hierher kann er sich jederzeit zurückziehen oder auch, wenn es die Menschen für angebracht halten, dorthin verwiesen werden. Ein bestimmtes Kommando dafür lernt er sehr schnell.

Hat der Hund seinen Schlafplatz im Stall, in der Scheune oder in einer komfortablen Hütte, und kann er sich frei im umfriedeten Hof- und Gartenbereich bewegen, so dürfte ihm diese Art der Haltung auch sehr gefallen. Er ist dann zwar öfter nicht unmittelbar mit seinem Menschen in Kontakt, hat dafür aber ständig etwas Interessantes in der Umgebung zu beobachten und kann, vor allem wenn er zusammen mit einem anderen Hund lebt, jederzeit spielen und umhertollen.

Ich habe meine Hunde bisher immer auf diese Weise im Freien gehalten. Jeder beansprucht eine eigene Schlafhütte in der Scheune, da gegen den gemeinsamen Aufenthalt in einer einzigen Schlafstelle eine Abneigung besteht.

Da sie auch während der langen Winter- und Regenzeit fast täglich mit Schafen arbeiten, ist die Temperaturumstellung zur beheizten Wohnung nicht so groß, sie bekommen ein prächtiges Winterfell und sind durch den Witterungseinfluß abgehärtet.

Einen Border Collie ständig im Zwinger zu halten oder gar dazu zu verurteilen, den größten Teil seines Lebens an einer Kette zu verbringen, entspricht nicht seinen Bedürfnissen und führt auch leicht in Konflikt mit den deutschen Tierschutzbestimmungen. Hingegen würde ich es für vertretbar halten, einen Hund, der fast den ganzen Tag außerhalb durch Arbeit ausgelastet ist, zur Nachtruhe in einem kleinen Zwinger oder ähnlich unterzubringen.

PFLEGE

Border Collies erfordern keinen großen Pflegeaufwand. An ein ge-

legentliches Bürsten und Kämmen sollten sie schon als Welpen gewöhnt werden. Die meisten finden nach anfänglichem Unbehagen allmählich Gefallen daran. Dieses Kämmen sollte in der Zeit des Haarwechsels öfter durchgeführt werden.

Entstehen vor allem in der nassen schlammigen Winterzeit trotzdem Filzklumpen, so können sie mit der Schere herausgeschnitten werden. Bei der Gelegenheit der Fellpflege werden auch Zähne, Ohren, Pfoten, Bauch und Analregion kontrolliert.

Das Krallenschneiden dürfte bei einem Border Collie nur dann erforderlich sein, wenn die Beschwerden eines hohen Alters seine Bewegungsaktivität längere Zeit einschränken.

Wichtig zur Gesunderhaltung ist, daß der Border Collie möglichst täglich in freiem ungehemmten Lauf seinen Bewegunsdrang ausleben kann, und daß er von seinem Menschen im Spiel gefördert wird. Ideal ist natürlich der tägliche Einsatz an der Schafherde.

Wegen Zeitmangels oder während langer Regen- und Überschwemmungszeit ist es auch mir nicht jeden Tag möglich, meine Border Collies so zu beschäftigen. Dies macht sich sofort darin be-

Nach Arbeit oder Spiel liebt der Border Collie ein erfrischendes Bad.

merkbar, daß die Hunde untereinander wilde Spiele veranstalten, eine Rennbahn im Garten entlang flitzen und erreichbare Zeitschriften, Tischdecken und die Einlagen ihrer Hütten hervorzerren und zerzausen. Auch verschiedene Gartenarbeiten und Zerkleinerung von Holzstücken werden dann in Angriff genommen.

FÜTTERUNG

Jahrhundertelang mußten die Hunde mit dem auskommen, was die Menschen ihnen an Resten und Abfall übrigließen, und dem, was sie sich selbst durch Herumstöbern verschaffen konnten. Noch bis in die neueste Zeit machte sich niemand Gedanken darüber, welchen Energiegehalt, welche Eiweißzusammensetzung und wieviel Vitamine und Mineralstoffe, wieviel Ballaststoffe das Hundefutter enthalten muß und wie das optimale Calcium-Phosphor-Verhältnis aussehen sollte.

Trotzdem haben es viele Hundegenerationen unter diesen mitunter harten Bedinungen geschafft, zu leben, sich fortzupflanzen und zum Teil auch noch die ihnen abverlangte Arbeit zu leisten. Diejenigen Hunde, die sich nicht an die Bedingungen anpassen konnten, starben aus. Die Selektion begünstigte robuste, gute Futterverwerter.

Heute ist in den Industrieländern die Futtermittelindustrie soweit fortgeschritten, daß nicht nur eine vollwertige Hundenahrung angeboten wird, sondern eine kaum überschaubare Vielfalt an Angeboten im Handel ist. Da gibt es von verschiedenen Firmen Diäten für Welpen, Leistungshunde, Erwachsene, Kleinhunde, alte Hunde, schlechte Fresser, fette Hunde und zudem noch spezielle Diäten für mit bestimmten Organkrankheiten

Schon der Welpe lernt seine Umwelt erfahren und andere Tierarten kennen.

behaftete oder allergiegeplagte Individuen. Ständig erfährt man neue Forschungsergebnisse über unverzichtbare Inhaltsstoffe und noch bessere Zusammensetzung der Diäten.

Während noch 1968 21 % der Hunde mit Fertigfutter ernährt wurden, waren es 1988 61 %. Das Durchschnittsalter stieg, wie die Waltham-Forscher mutmaßen, aus diesem Grunde um 20 % an. Etwa 30 % der Hunde sind zu dick, zum Teil in besorgniserregendem Ausmaß.

Jedenfalls stellt es heute kein Problem mehr dar, einen Hund bequem und angemessen mit Futter zu versorgen. Im allgemeinen wählt der Hundebesitzer eine Vollnahrung für sein Tier aus. Diese von verschiedenen, mehr oder we-

niger bekannten Firmen angebotenen Produkte unterscheiden sich in Beszug auf ihre verwertbaren Inhaltsstoffe nur noch unwesentlich voneinander.

Trockennahrung hat einen erheblich geringeren Wassergehalt als Dosennahrung und ist preisgünstiger, da Wasser bislang noch überall billig zu haben ist. Dieses Futter läßt sich gut lagern, ist haltbar, jederzeit verfügbar und individuell dosierbar. Anscheinend reicht es auch als alleinige Nahrung aus, die Bedürfnisse eines normalen Hundes abzudecken.

Nach meinen Erfahrungen sind die meisten Border Collies, wohl dank ihrer Generationen währenden harten Auslese, robuste und wenig wählerische Fresser und gute Futterverwerter.

Die meisten neigen allerdings dazu, bei entsprechendem Angebot viel zu viel zu fressen. Dies haben sie mit Menschen gemeinsam. Es entspricht wohl der Natur der Hunde, im Spätherbst und Winter die Futteraufnahme noch zu erhöhen, um einen gewissen "Winterspeck" anzusammeln. Bei im Freien lebenden Tieren ist dies in gewissem Umfang in Verbindung mit einem dicken Winterfell sinnvoll.

Die wichtigste Aufgabe des Futtermeisters ist es, dem Hund nur so viel anzubieten, wie er braucht, um gesund und leistungsfähig zu bleiben, ohne zu verfetten. Dabei kann man sich an den Dosierungsangaben der Futtermittelhersteller orientieren, die wohl auf jedem Sack zu finden sind.

Da jeder einzelne Hund jedoch

abhängig von seiner Veranlagung und seinem Energieverbrauch einen individuellen Bedarf hat, muß man diesen herausfinden. Gewichtskontrollen können helfen.

Folgende Gewichte sollten als Anhaltspunkte dienen, ob der Border Collie-Welpe eines mittleren Typs gut genährt ist. Er sollte in Abhängigkeit vom Alter folgendes Gewicht in Kg nicht überschreiten:

Alter	Geschlecht	
in Monaten	Rüde	Hündin
1	2	1,8
2	5	4,5
3	8	7,2
4	10	9,3
6	13	12,2
12	19	17,0

Eine geringfügige Überschreitung ist nach meiner Erfahrung kaum zu vermeiden. Trotzdem sollten diese Werte als Anhaltspunkte dienen.

Vor allem zwischen dem 3. und 6. Lebensmonat darf der Hund nicht zu schnell wachsen. Da die Variabilität innerhalb der Border Collies jedoch sehr groß ist, muß man das voraussichtliche Endgewicht (Eltern) berücksichtigen.

Eine einfache Regel besagt, daß man bei jedem Hund an der seitlichen Brustwand die Rippen unmittelbar unter der Haut fühlen können sollte. Die Stärke der Speckauflagerung ist proportional zum entsprechenden Übergewicht.

Füttert jemand seinen Hund überwiegend mit einer Vollnahrung, so ist gegen eine gelegentliche Zugabe von Fleisch, einem geeigneten Knochen, Obst oder auch geeigneten Resten vom Mittagstisch nichts einzuwenden. Diese geringen Unausgewogenheiten kann ein normaler Hund kompensieren. Allerdings sollte man den Überblick über die Gesamtfuttermenge behalten.

Vor allem meine Hündin "Anima" schafft es immer wieder, meine Bemühungen um eine angemessene Fütterung zu unterlaufen. Zur Lammzeit vertilgt sie Nachgeburten. Im Herbst sammelt sie alles Obst und Walnüsse. Dabei hat sie eine große Geschicklichkeit entwickelt, Pflaumen zu entkernen und die Walnüsse von Schalenresten zu befreien.

Bekommt der Hund in erheblichem Umfang Fleisch, etwa weil der Besitzer eine günstige Quelle dafür hat, so muß er allerdings zum Ausgleich ein Ergänzungsfutter (Gemüse-Getreideflocken) und vermehrt Calcium (etwa 0,3 - 0,5 g pro 100 g Fleisch) bekommen. Etwa Calcium-Carbonat oder -Citrat oder calciumreiche Tabletten. Wegen des stark überwiegenden Phosphorgehaltes und Calciummangels im Fleisch kommt es sonst zu schwerwiegenden Skelettschäden. Ein Überangebot von Calcium muß aber ebenso vermieden werden, da auch dies Gesundheitsschäden verursachen kann.

Mangel an Ballaststoffen und Vitaminen kann ebenfalls Gesundheitsstörungen bewirken.

Einige Border Collie-Halter berichten auch über gute Erfahrungen mit einer kostengünstigen Fütterung auf der Basis von handelsüblichen Milchersatzprodukten für Schaflämmer. Auch bei relativ hohem Arbeitseinsatz und während der Aufzucht eines großen Wurfes war es nicht nötig, meinen Hunden ein besonderes Hochleistungsfutter anzubieten. Allerdings bekommen sie öfter eine selbstbereitete Fleisch-Gemüseflockenmischung. Hier reicht meine Erfahrung nicht, um zu beurteilen, ob Hochleistungsfutter unter anderen Umständen bei bestimmten Hunden nötig sein könnte.

Erwachsene Hunde sollten einmal am Tag, am besten zur gleichen Zeit gefüttert werden. Die Fütterung soll nicht vor einer Aktivitätsphase liegen wie: Spielen, Laufen, Arbeitseinsatz. Der Hund muß nach der Mahlzeit eine Verdauungsruhe halten. Deshalb kommt bei Arbeitshunden meist nur die Fütterung am Abend in Betracht.

Entgegen der allgemein üblichen Empfehlung, Welpen zunächst viermal, dreimal und bis zu einem halben Jahr zweimal zu füttern, habe ich meinen Welpen ab der 8. Lebenswoche ebenfalls nur einmal täglich Futter angeboten. Meine Border Collies sind damit gut zurecht gekommen und mir fiel es so leichter, eine Überfütterung zu vermeiden. Deshalb möchte ich dies jedoch nicht als allgemeine Empfehlung verstanden wissen.

Frisches Trinkwasser sollte ein Hund jederzeit nach Belieben aufnehmen können. Um die Zahnsteinbildung gering zu halten, bewähren sich gelegentliche Gaben von hartem Knorpel oder weichen Knochen vom Rind oder handelsübliche Kauknochen. Auch eine nur einmalige Mahlzeit und sportliche Betätigung, die den Hund zu Hecheln und Speicheln veranlaßt, wirkt der Zahnsteinbildung entgegen.

GEFAHREN BEI SELBSTBEREITETEM FUTTER

Bekommt der Hund überwiegend selbstbereitetes Futter, so muß sich der Besitzer Kenntnisse über eine vollwertige Ernährung verschaffen. Stark unausgewogenes Futter kann zu Gesundheitsschäden des Hundes führen.

Vor allem in der Wachstumsphase und im Hinblick auf eine spätere HD-Interpretation scheint die planmäßige Fütterung mit den Produkten der Industrie wohl die größte Sicherheit zu bieten.

Rohe Produkte vom Schwein dürfen wegen der tödlichen Aujeszky'schen Krankheit nie verfüttert werden. Auch können unter Umständen Krankheitserreger und Parasitenstadien (vor allem Bandwurmfinnen) durch rohes Fleisch übertragen werden. Kochen tötet nahezu alle Keime sicher ab. Eine beunruhigende Ausnahme bildet der BSE-Erreger (Rinderwahnsinn). Diese Infektion hat jedoch in Deutschland bisher keine Bedeutung erlangt.

Nicht aufgeschnittene, vor allem rohe Ringe großer Blutgefäße oder der Luftwege etwa vom Rind oder Schaf haben schon zu meist tödlich endenden Einschnürungen der Zunge von Hunden geführt. Deshalb ist darauf zu achten, daß im Futter diese gefährlichen Bestandteile zerschnitten werden oder das Maul des Hundes nach der Mahlzeit kontrolliert wird. Splitternde Röhrenknochen (vor allem von Geflügel) können sich in der Maulhöhle oder im Rachen einspießen. Besonders dicke Fleischbrocken, die ein Hund gierig hineinschlingt, können in seltenen Fällen zum Erstickungstod führen.

Nach der Aufnahme einer besonders voluminösen Mahlzeit sollte der Hund nicht herumtollen, da die Gefahr einer lebensbedrohenden Magendrehung besteht.

Unverdauliche Bestandteile, etwa große Obstkerne, Plastikteile, Steine, können einen Darmverschluß verursachen, wenn sie mit dem Futter oder im Spiel verschluckt werden.

Im Vergleich zu manchen anderen Rassen scheinen Border Collies jedoch über recht gute angeborene Kenntnisse zu verfügen, was die Verdaulichkeit von verschiedenen Dingen betrifft. Die Magendrehung kommt auch vor allem bei sehr großen Hunderassen vor.

VERGIFTUNG

Hunde können unter Umständen vergiftete Köder, die etwa zur Nagerbekämpfung dienen, aufnehmen. Wie auch bei unverdaulichen Gegenständen sollte man, sobald man gesehen hat, daß der Hund etwas derartiges verschluckt hat, zum Tierarzt eilen. Eine unverzügliche Brechmittelinjektion befördert das Verschlungene wieder heraus. Bei Cumarinvergiftungen (Rattengift) gibt es auch Behandlungsmöglichkeiten mit Vitamin K.

Immer sollte man darauf achten, daß keine gefährlichen Stoffe (z.B. Lösungsmittel, Pflanzenschutzmittel) für den Hund erreichbar herumstehen. Besonders gefährlich sind Frostschutzmittel, die wegen ihres süßen Geschmacks aufgeschleckt werden.

HUNDESTEUER

In Deutschland vor langer Zeit vor allem aus seuchenhygienischen Gründen eingeführt, um die Hundepopulation unter Kontrolle zu bekommen, dann auch als Luxussteuer deklariert, bildet die Hundesteuer eine willkommene Einnahmequelle der Gemeinden.

Heutzutage gibt es eigentlich keine vernünftige Rechtfertigung für eine solche Steuer. Dies führt jedoch erwartungsgemäß nicht dazu, daß sie abgeschafft wird. Im Gegenteil wurde sie mancherorts unter allen möglichen Vorwänden ständig erhöht. Manche eifrigen lokalen Volksvertreter stellen sogar immer wieder einmal Überlegungen an, ob man eine vergleichbare Steuer nun nicht auch für Katzen, Pferde, Hamster, Kühe oder Bäume einführen könnte.

Der Welpe muß spätestens mit einem halben Jahr bei der zuständigen Gemeindeverwaltung angemeldet werden. Unter bestimmten Umständen (Wachhunde, Hilfshunde für Behinderte) kann der Hund auf Antrag von der Steuerpflicht befreit werden. Dies gilt auch für Border Collies, die für die Arbeit an der Schafherde gebraucht werden.

Immer etwas schneller als die Schafe. Border Collies brauchen die freie Bewegung.

HAFTPFLICHT-VERSICHERUNG

Die Tierhalterhaftpflicht ist eine Gefährdungshaftung und sehr weit gefaßt. Das heißt, der Hundehalter haftet nicht nur bei einem Verschulden, etwa weil sein Hund die Straßenverkehrsordnung außer acht gelassen hat. Sogar wenn ein unachtsamer Mensch über einen schlafenden Hund stolpert, kann der Hundehalter haftbar gemacht werden. Lediglich ein Mensch, etwa ein Schäfer, der den Hund zu seinem Beruf hält, kann unter Umständen von der Haftung befreit werden, wenn er nachweist, daß er alle Vorsicht und Umsicht hat walten lassen, und sein Hund trotzdem in einen Verkehrsunfall verwickelt worden ist.

Deshalb sollten Sie schon für den Welpen unbedingt eine Haftpflichtversicherung abschließen. Vor allem durch den allgegenwärtigen Autoverkehr bestehen unwägbare Risiken, die abgedeckt werden müssen.

In landwirtschaftlichen Betrieben können die Hunde auch in einer Gesamthaftpflichtversicherung mitgeführt werden.

Kapitel Acht

ZUCHT

Überlegungen davor

Der Sexualzyklus der Hündin

Die Paarung

Spezielle Probleme der Hündin
Unerwünschter Deckackt
Läufigkeitsverhinderung
Scheinträchtigkeit
Pyometra
Gesäugetumore

Trächtigkeit und Geburt
Aufzucht der Welpen

Der Deckrüde

Die Mutterhündin erzieht ihre Welpen.

ÜBERLEGUNGEN DAVOR

Die Motive zur Border Collie Zucht sind unterschiedlich. Zunächst war es das vernünftige Anliegen der Schäfer, von ihren guten Hunden Welpen zu ziehen, damit jederzeit arbeitsfähige und verläßliche Helfer auf dem Hof verfügbar waren. Für überzählige Welpen fanden sich, vor allem wenn die guten Eigenschaften der Eltern bekannt waren, andere Bauern, die sich einen guten Hütehund heranziehen wollten. Der Erlös aus dem Verkauf war zur Aufbesserung der Haushaltskasse sehr erwünscht.

Allein aus dem Bestreben heraus, einen möglichen finanziellen Gewinn zu erzielen, sollte niemand mit der Hundezucht beginnen. Gerade die Zucht von guten Border Collies erfordert Liebe und Sachverstand.

Bei vielen Besitzern eines geliebten und hochgeschätzten Border Collies entsteht der Wunsch, von diesem einmaligen Tier wieder einen Junghund zu bekommen. Ob es aber sinnvoll ist, mit seinem Border Collie zu züchten, und ob gegebenenfalls die zeitlichen und räumlichen Voraussetzungen zur Aufzucht eines Wurfes gegeben sind, sollte jeder vorab kritisch prüfen.

Für die Zucht mit VDH-Papieren sind noch eine Anzahl von Vorbedingungen des Hundes und des "Zwingers" zu erfüllen. Unabhängig von der "Zuchttauglichkeitsbeurteilung" anderer Leute sollte man nur mit Hunden züchten, die nach bestem Wissen erwarten lassen, Eltern von guten gesunden Welpen zu werden, die keine gravierenden Mängel aufweisen.

Bevor sich jemand erstmals zur Hundezucht entschließt, sollte er mindestens einige Jahre Erfahrung in der Hundehaltung haben und sich umfassend informieren. Wer aus Begeisterung für den Border Collie und nach gründlichen Überlegungen seinen ersten Wurf plant, dem bleibt bei etwas Glück am Ende aller Mühen die Freude über seine gelungenen Welpen. Ihm sei gewünscht, daß jeder seiner Welpen einen guten Border Collie-gemäßen Platz bei verständnisvollen Menschen findet und alle zufrieden sind.

DER SEXUALZYKLUS DER HÜNDIN

Die erste Läufigkeit der Hündin tritt, abhängig von der Veranlagung und der Kondition, zwischen 6 Monaten und 2 Jahren auf. Im Zyklus der Hündin können vier Stadien unterschieden werden. Mit der Vorbrunst (Prooestrus) beginnt die Läufigkeit. Die Vulva der Hündin schwillt etwas an, und es kommt während einiger Tage zu wässrig blutigem Ausfluß. Die Hündin ist meist etwas unruhiger, markiert ihren Weg durch häufigen Absatz kleiner Harnmengen. An Rüden ist sie sehr interessiert, duldet aber in der Regel noch kein Aufreiten. Erst nach etwa einer Woche stellt sich mit der Hauptbrunst (Oestrus) die Empfängnisbereitschaft ein, die einige Tage bis zu zwei Wochen lang anhält.

DIE PAARUNG

Nun versuchen manche Hündinnen, aktiv Kontakt zum Rüden aufzunehmen, sie animieren ihn zum Spiel und bleiben bei seinen Aufreitversuchen auch stehen. Die Rute wird an der Wurzel etwas zur Seite gestellt, und der Rüde kann

Die Welpen sind herangewachsen. Die Hündin ist nach wie vor in guter Kondition.

seinen Penis einführen. Gleich danach kommt es zum "Hängen" der beiden Tiere. Der Rüde vermag seinen geschwollenen Penis nicht wieder herauszuziehen.

Die Tiere stehen dann bis zu 20 Minuten lang (in Ausnahmefällen noch länger) Hinterteil an Hinterteil, mit den Köpfen voneinander abgewandt. Keinesfalls dürfen sie gewaltsam getrennt werden, wie es unwissende Leute bei unerwünschten Deckakten bisweilen versuchen.

Die Samenzellen wurden auch schon vorher ausgestoßen. In speziellen Büchern über Hundezucht beschriebene Technik und Zwangsmaßnahmen beim Deckakt sind anscheinend in der Rassehundezucht üblich. Das natürliche Verhalten dürfte aber bei Border Collies noch weitgehend erhalten sein. So sollte bei richtig gewähltem Zeitpunkt der Deckakt ohne große Hilfe der Menschen vonstatten gehen.

Nach dem Oestrus schließt sich der Metoestrus an, in dem die Gebärmutter für die Trächtigkeit vorbereitet wird. Wenn keine Schwangerschaft eintritt, folgt eine 5- bis 12-monatige Ruhezeit (Anoestrus), bevor wieder eine Läufigkeit beginnt.

Der günstigste Zeitpunkt für einen erfolgreichen Deckakt liegt meist zwischen dem 10. und 15. Tag nach Auftreten der ersten Zeichen der Läufigkeit. Vor allem wenn eine weite Reise zu dem gewünschten Deckrüden unternommen werden muß, kann man die Nähe der Follikelsprünge (Eireife) auch durch Serumuntersuchung in der tierärztlichen Praxis bestimmen lassen.

SPEZIELLE PROBLEME DER HÜNDIN

Unterwünschter Deckakt

Nach unerwünschten Deckakten, etwa durch rassefremde Rüden, kann zwischen dem 4. und 6. Tag danach eine Injektion das Einnisten der befruchteten Eier und damit die Trächtigkeit verhindern.

Läufigkeitsverhinderung

Die Läufigkeit einer Hündin läßt sich ebenfalls durch Hormoninjektionen für mehrere Monate verhindern.

Eine Kastration (Ovariohysterektomie) verhindert auf Dauer die Läufigkeit und alle Probleme, die mit der Gebärmutter zusammenhängen. Gesäugetumoren könnten durch Kastration vor der ersten Läufigkeit weitgehend verhindert werden.

Scheinträchtigkeit

Im Anschluß an die Läufigkeit kann es bei manchen Hündinnen, die gar nicht oder erfolglos gedeckt wurden, zu einem Zustand der Scheinträchtigkeit kommen. Die Verhaltenseigentümlichkeiten und Körperverfassung der Hündin können mit Umfangsvermehrung, Bemutterungssucht, Gesäugebildung unter Umständen eine tierärztliche Behandlung wünschenswert erscheinen lassen.

Möglicherweise kam dem Phänomen, das der Scheinträchtigkeit von Hündinnen zugrunde liegt, im Rudel ein biologischer Sinn zu, wenn hierdurch nach der Geburt der Welpen der Alpha-Hündin für Notfälle Ammen zur Verfügung standen. Hündinnen, die zur Scheinträchtigkeit neigen, sollen auch eine erhöhte Disposition für eine Pyometra haben.

Pyometra

Diese schwerwiegende, mitunter lebensbedrohende Störung geht mit einer eitrig-blutigen oder schleimigen Ansammlung im Gebärmutterinnern einher.

Betroffende Hündinnen zeigen vermehrt Durst, mitunter Fieber, Umfangsvermehrung und Scheidenausfluß. Nahrungsverweigerung und apathisches Verhalten sind bei längerer Dauer zu beobachten.

Es ist wichtig, die Anzeichen dieser Erkrankung frühzeitig zu erkennen. Mitunter hat eine konservative tierärztliche Behandlung Erfolg. Häufig ist jedoch eine operative vollständige Entfernung von Gebärmutter und Eierstöcken notwendig.

Gesäugetumore

Bei vielen Hündinnen entstehen in fortgeschrittenem Alter knotenartige Neubildungen im Gesäuge. Die biologische "Bösartigkeit" kann stark unterschiedlich sein. Die Behandlung kann nur chirurgisch durch großzügige Entfernung betroffener Gesäugeteile erfolgen. Der endgültige Erfolg ist jedoch nicht immer sicher. Bei bösartigen Mammatumoren ist die Prognose oft schlecht.

TRÄCHTIGKEIT UND GEBURT

Die äußeren Anzeichen sind zunächst kaum ausgeprägt. Etwa ab der 5. Woche nimmt der Bauchumfang im vorderen Bereich etwas zu, und die Zitzen treten stärker hervor. In manchen Fällen kann durch Abtasten des Bauches zwischen der 4. und 5. Woche die Trächtigkeit festgestellt werden.

Zu Beginn sollte weder in der Fütterung, noch in Bezug auf gewohnte Aktivität und Arbeitseinsatz etwas geändert werden. Auf jeden Fall muß eine Überfütterung

Unterwürfigkeit. „Belle" wird als dritter Border Collie in das Rudel aufgenommen.

Nur zum Fototermin bekommt jeder Welpe seinen eigenen Napf.

der Hündin vermieden werden. Vor dem 50. Trächtigkeitstag soll sie auch keine zusätzlichen Mineralien und Calcium bekommen.

Meine Hündin habe ich immer bis zum Wurftag wie üblich gefüttert und auch bis zuletzt an der Schafherde arbeiten lassen.

Schon bei ihrer ersten Trächtigkeit im Alter von 3 Jahren hatte Anima ihre eigenen Vorstellungen davon, wo ein Wurf Border Collie-Welpen geboren und aufgezogen werden sollte. Sie begann in unermüdlicher Grabarbeit im festgestampften Lehmboden der Scheune an schwer zugänglicher Stelle eine Wurfhöhle auszugraben. Der Bau wurde auch rechtzeitig vor Weihnachten (Wurftermin) fertig. Ich war aber aus mehreren Gründen nicht mit ihren Plänen einverstanden. Sie stimmten auch nicht mit den Richtlinien des Zuchtverbandes überein. So sperrte ich sie rechtzeitig vor dem Wurftermin in einen dafür hergerichteten Wurfraum im Hause, damit sie sich an die Wurfkiste gewöhnen konnte.

Die herannahende Geburt kündigte sich durch Herumwühlen in der Wurfkiste an. Als dann die Rektaltemperatur von 38,5 °C am 63. Tag auf 37,0 °C abfiel, war mit der Geburt innerhalb von 24 Stunden zu rechnen. Auch allgemeine Aufgeregtheit und Hecheln kündigt die nahende Geburt an.

Obwohl ich selbstverständllich die erste Geburt meiner Hündin überwachte, war ein Eingreifen nicht nötig. Innerhalb von 4 Stunden hatte sie 5 kräftige, gesunde Welpen geboren, die sich an ihrem Gesäuge drängten. Vor den derzeitig recht niedrigen Umgebungstemperaturen wußte sie ihre Welpen durch geschickte Körperkrümmung und Abdecken mit den oben liegenden Gliedmaßen zu schützen. So waren sie zunächst auch weitgehend unseren Blicken entzogen.

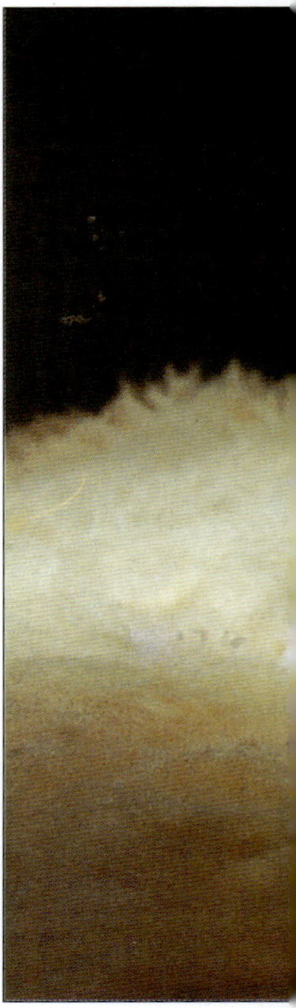

„Bona". Im Alter von 12 Tagen kann der Welpe noch wenig Umweltreize verarbeiten.

Die Welpen erscheinen zunächst noch von den Eihäuten bedeckt mit Kopf oder mit den gestreckten Hinterpfoten zuerst in der Geburtsöffnung. Komplikationen können bei Fehllagen, toten oder zu großen Welpen oder Wehenschwäche auftreten.

Eine instinktsichere Hündin verzehrt bei der Geburt die Nachgeburtsteile, nabelt die Welpen ab und leckt sie trocken. Lebensschwache Welpen, die sich nicht aktiv einen Platz am Gesäuge erobern können, erkennt die Hündin und entzieht ihnen ihre Fürsorge. Der Versuch, solche Welpen künstlich aufzuziehen, ist oft nicht er-

folgreich und im Hinblick auf die Zucht nicht sinnvoll.

Schwerwiegende Mißbildungen und fehlende Lebenstüchtigkeit sind die einzigen Gründe, die es rechtfertigen, einen Welpen zu töten. Tiere mit Schönheitsfehlern oder "überzählige" Welpen zu töten widerspricht auch den neuen deutschen Tierschutzbestimmungen.

Im Notfall lassen sich gesunde Welpen heutzutage zwar mit viel Mühe, aber ohne größere Probleme auch mutterlos aufziehen. Im Handel sind bewährte Aufzuchtfuttermittel erhältlich. Wichtige Erkenntnisse des Hundeverhaltens müssen beachtet werden, zum Beispiel das notwendige Entleeren von Darm und Blase durch Bauch- und Analmassage, sowie der später notwendige Sozialkontakt des Welpen mit Artgenossen.

Eine normale Hundegeburt von 4 bis 8 Welpen ist in der Regel innerhalb von 2 bis 5 Stunden abgeschlossen. Ein Eingreifen des Menschen ist nicht erforderlich. Dauern die Geburtsvorgänge abnorm lange, erscheint etwa nach einigen Stunden Wehentätigkeit immer noch nicht der erste Welpe, oder beträgt der Abstand zum nächsten länger als 2 Stunden, so kann dies für Komplikationen sprechen.

Zeigt sich die Hündin im Anschluß an die Geburt apathisch oder steigt die Körpertemperatur wesentlich über 39 °C an, so ist ein Tierarzt hinzuzuziehen.

Nach der Geburt sollte die Hündin bei dem geringsten Verdacht auf Zurückbleiben eines Welpen oder einer Nachgeburt tierärztlich untersucht werden. Eine Kontrolle der Rektaltemperatur zweimal täglich ist empfehlenswert.

Ein grünlicher Scheidenausfluß hält einige Tage nach der Geburt an. Wenn er ungewöhnlich lange bestehen bleibt oder die Hündin einen kranken, entkräfteten Eindruck macht, sollte der Tierarzt hinzugezogen werden.

Eine mögliche Komplikation in der Säugezeit ist eine Entzündung der Milchdrüsen (Mastitis). Diesen Zustand erkennt man an harten schmerzhaften Schwellungen, Abwehr der Welpen, Fieber und Niedergeschlagenheit der Hündin. In einem solchen Fall muß unverzüglich tierärztliche Hilfe in Anspruch genommen werden.

Mitunter kann während der Säugezeit eine bedrohliche Stoffwechselsituation entstehen, wenn der Calciumspiegel im Blut stark abfällt (Hypocalcämie, Eclampsie). Betroffene Hündinnen zeigen nervöse Erscheinungen, Krämpfe und können in Schock und Koma verfallen. Dies führt ohne kompensierende Behandlung zum Tode. Bei einer solchen Erkrankung infundiert der Tierarzt unverzüglich Calciumlösung, um den Blutcalciumspiegel zu normalisieren.

Neben einer ausreichenden, energie- und eiweißreichen Fütterung muß auch gewährleistet sein, daß die Hündin ihren erhöhten Calciumbedarf decken kann. Dies ist in der Regel wiederum mit einer entsprechenden handelsüblichen Futtermischung am einfachsten zu erreichen.

Die Aufzucht der Welpen

Die ersten drei Wochen versorgt die Hündin ihren Wurf allein. Nach 14 Tagen kann sie meist wegen der zunehmenden Ausscheidungen der Welpen keine absolute Sauberkeit des Wurflagers mehr erreichen. Ab diesem Zeitpunkt muß sie vermehrt durch entsprechende Säuberung und Auswechseln der Unterlagen unterstützt werden.

Ein Zufüttern der Welpen beginnt meist in der 4. Lebenswoche, bei unzureichender Milchleistung auch schon ab der 3.

Woche. Obwohl Anima bezüglich Paarung, Geburt und Pflege der Welpen über einwandfreie Instinkte verfügt, konnte ich ein Hervorwürgen angedauten Futters für ihre Welpen nie beobachten. Dieser Mangel wurde jedoch nicht als störend empfunden.

Mit 6 Wochen können die Welpen, die ihrer Mutter nun zunehmend lästig werden, endgültig entwöhnt und allein auf Welpenfutter umgestellt werden.

Es ist sehr wichtig, dafür zu sorgen, daß die Hündin ab der 4. Woche den Wurfraum nach Belieben verlassen kann, um sich zeitweise ihren Welpen zu entziehen. Dies läßt sich durch eine Hürde erreichen, welche die Hündin überspringen kann und die Welpen zurückhält.

Selbstverständllich muß sich der Züchter viel mit seinen Welpen beschäftigen, mit ihnen spielen und ihren Gesundheitszustand überwachen. Vor allem der Spulwurmbefall und etwaiger Flohbefall erfordern entsprechende Maßnahmen.

Der günstigste Abgabezeitpunkt für die Welpen liegt aus verhaltens-

In der Wurfkiste.
Ein heugefüllter Bettbezug dient als Unterlage.

physiologischen Gründen etwa in der 8. Lebenswoche. Nicht immer gelingt es, zu diesem Zeitpunkt schon für jeden Welpen geeignete Menschen zu finden. Die übriggebliebenen Welpen müssen dann die Möglichkeit haben, sich in den Rudelverband des Züchters einzugliedern und durch Spiele und Erkundungsverhalten ihre Umwelt zu erfahren.

Bei ihrem zweiten Wurf, der nach eineinhalbjähriger Pause in den Sommer fiel, hat es Anima dann doch geschafft, ihre acht Welpen (unerwartet früh) über Nacht in ihrer noch ausgebauten Höhle zur Welt zu bringen. Ich mußte sie am frühen Morgen, recht unbequem auf dem Bauch robbend, hervorziehen und in dem Wurflager meiner Wahl unterbringen. Auch diese Welpen hat sie vorbildlich betreut und zu unternehmungslustigen Junghunden aufgezogen.

DER DECKRÜDE

Die Welpen erhalten ihre Erbsubstanz gleichermaßen von beiden Eltern. Trotzdem kommt den Rüden in unserer Hundezucht eine größere Bedeutung zu, da es ihnen aus biologischen Gründen möglich ist, ihr Erbgut in erheblich größerem Umfang an die nächste Generation weiterzugeben. Deshalb müssen die Anforderungen an Deckrüden, was Gesundheit und rassetypische Qualitäten betrifft, noch höher liegen als bei einer guten Zuchthündin.

Die Wahl eines geeigneten Deckrüden ist für den Besitzer der Hündin eine wichtige Entscheidung. Von vorrangiger Bedeutung sollten hier Charakter, Wesens- und Leistungsmerkmale sein und nicht der Erfolg auf einer Schönheitskonkurrenz. Von Bedeutung ist auch, welche speziellen Eigenschaften man bei seinen Welpen wünscht, und welche Unvollkommenheit der Hündin man auszugleichen hofft.

Ein passionierter Züchter wird seine Wahl nicht von der Entfernung oder der Höhe des Deckgeldes abhängig machen. Es sei nochmals betont, daß die Welpen ihre Anlagen gleichermaßen von Mutter und Vater mitbekommen. Dies gilt für erwünschte, wie unerwünschte Eigenschaften. Treten Erbfehler auf, so ist in der Regel davon auszugehen, daß sowohl die Hündin, wie auch der Rüde die rezessive Anlage dafür im Erbgut haben. Daraus sollten Konsequenzen für die weitere Zuchtplanung gezogen werden.

Treten Erbfehler in der nahen Verwandtschaft von Rüde oder Hündin auf, so ist mit einem erhöhten Risiko für die Welpen dieser Tiere zu rechnen, diese Fehler ebenfalls zu zeigen. Durch Inzucht steigt dieses Risiko noch.

Trotz aller Überlegungen zuvor, erweist sich die Richtigkeit einer Paarung erst dann, wenn alle Welpen zu gesunden Hunden mit den gewünschten Eigenschaften herangewachsen sind.

„Brings her". Anima war sogar bereit, beim Einsammeln ihrer Welpen zu helfen.

Die Wurfgeschwister sind aus dem Haus, nun muß die Mutter sie im Spiel ersetzen.

Kapitel Neun

GESUNDHEIT UND KRANKHEITEN

Umwelt und Disposition
Hitzeempfindlichkeit

Infektionskrankheiten
Impfungen; Zwingerhusten; Tetanus; Aujeszky; Parvovirose; Staupe; Ansteckende Leberentzündung; Tollwut; Leptospirose

Parasiten
Ektoparasiten:
Flöhe; Läuse und Haarlinge; Zecken; Milben
Endoparasiten:
Spulwürmer; Hakenwürmer; Bandwürmer

Erbkrankheiten
Hüftgelenksdysplasie; Augenkrankheiten; Unterkieferverkürzungen
Hodenhypoplasie und Kryptorchismus

Der alte Hund

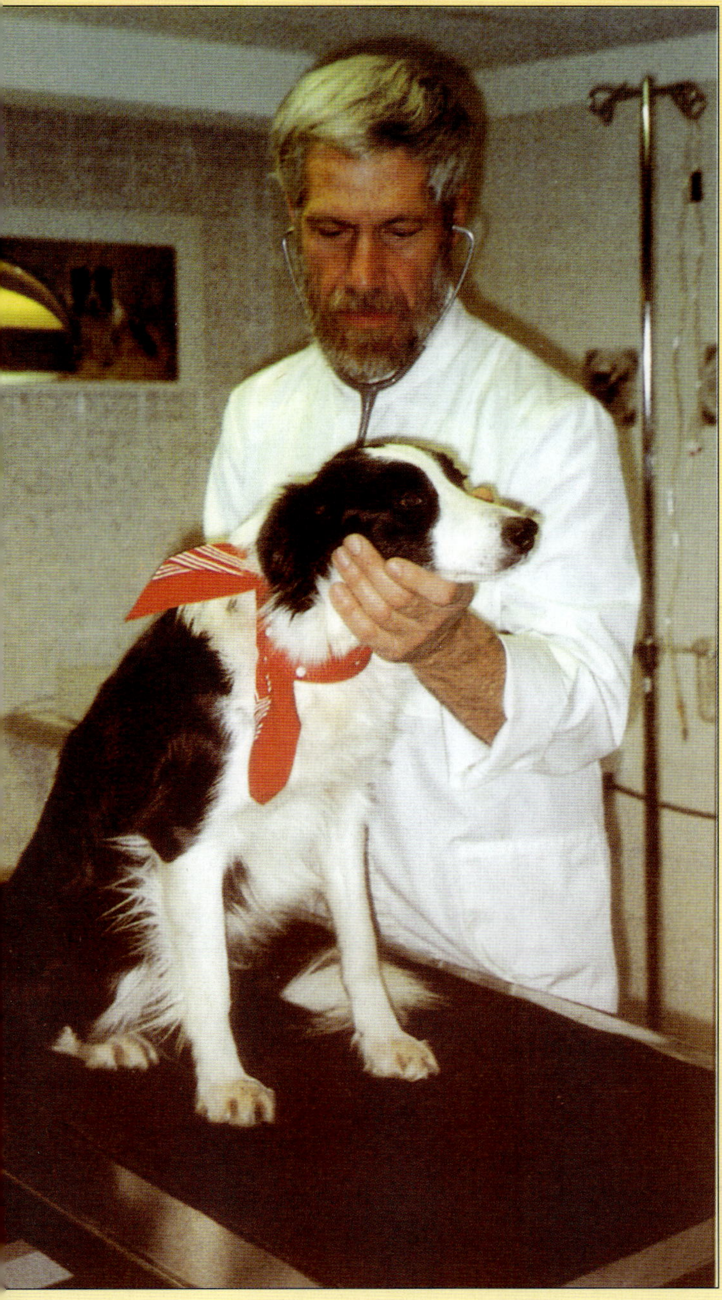

Auch in der Tierarztpraxis weiß sich ein Border Collie zu benehmen.

UMWELT UND DISPOSITION

Ein gesunder Hund lebt im Einklang mit seiner natürlichen Umwelt. Sein artspezifisches Verhalten und seine Leistungsfähigkeit entsprechen den gestellten Anforderungen.

Ein krankes Tier hingegen ist in seinem Wohlbefinden beeinträchtigt und kann vorübergehend oder dauernd die Lebensfunktionen und notwendigen Leistungen nicht voll erbringen.

Zwischen Gesundheit und Krankheit besteht ein fließender Übergang. Die Ursache jeder Krankheit liegt zum einen in einer genetischen Disposition, zum anderen hat die Umwelt einen mehr oder weniger entscheidenden Einfluß. Bei den sogenannten Erbkrankheiten, wie etwa der PRA (Progressive Retina Atrophie) ist die angeborene Veranlagung entscheidend, schon für die Ausprägung der HD (Hüftgelenksdysplasie) können Umweltfaktoren von großer Bedeutung sein.

Selbst Infektionskrankheiten und Parasitenbefall erfordern eine individuelle Disposition (Anfälligkeit) des einzelnen Hundes, die zum Teil erblich bedingt ist. Sogar Unfälle, wie etwa eine Magendrehung oder der Darmverschluß durch einen unverdaulichen abgeschlukten Fremdkörper, haben auch eine veranlagungsbedingte Komponente.

Hitzeempfindlichkeit

Border Collies scheinen in besonderem Maße bei Hitze der Gefahr eines Wärmestaus ausgesetzt zu sein. An schwülheißen Sommertagen sind auf Trialveranstaltungen besonders Hunde gefährdet, die zur Mittagszeit mit schwierigen Schafen arbeiten müssen. In der täglichen Praxis wird ein Arbeiten bei großer Hitze so weit wie möglich vermieden. Trotzdem können auch hier mitunter bedrohliche Zustände eines Wärmestaus vorkommen.

Gefährdete Hunde müssen vor und während der Arbeit mit Wasser gekühlt werden. Äußert sich ein Wärmestau in exzessivem Hecheln, Benommenheit oder Umfallen des Hundes, so sind unverzüglich Kühlung etwa durch Eintauchen in eine wassergefüllte Wanne oder Benetzen mit einem Wasserschlauch notwendig.

Bei Sommersonne dürfen Hunde nie in einem Auto zurückgelassen werden. Selbst geöffnete Fenster und ein gefüllter Wassernapf können unter Umständen nicht verhindern, daß die Hunde in Lebensgefahr geraten.

INFEKTIONSKRANKHEITEN

Die gefährlichsten und verlustreichsten Krankheiten, die unsere Hunde bedrohen sind die Virusinfektionen: Staupe, Parvovirose, Infektiöse Hepatitis, Tollwut und die durch Bakterien verursachte Leptospirose. Gegen diese fünf wichtigsten Krankheiten gibt es seit vielen Jahren bewährte Impfstoffe, die in der Regel einen sicheren Schutz bieten. Außerdem gibt es noch Impfstoffe gegen Zwingerhusten, Tetanus und Aujeszkysche Krankheit.

Impfungen

Als Impfung bezeichnen wir eine aktive Immunisierung (Vaccination) eines Tieres. Das Immunsystem (körpereigene Abwehr) eines gesunden Tieres ist in der Lage, eindringende Krankheitserreger

Sommerliche Wasserspiele.

(Antigene) unschädlich zu machen, indem es dazu passende Abwehrstoffe (Antikörper) bildet. Diese Antikörper werden reichlich gebildet, sind auch noch eine zeitlang nach erfolgreich abgewehrter Infektion vorhanden und ermöglichen bei späteren gleichartigen Infektionen einen wirksamen Schutz.

Diese natürlichen Grundlagen nutzt man aus, um durch Injektion von Krankheitserregern eine schützende Antikörperbildung bei dem geimpften Hund auszulösen. Diese Krankheitserreger müssen durch verschiedene biotechnische Verfahren so abgewandelt sein, daß sie nicht mehr krank machen, wohl aber noch antigen (antikörperprovozierend) wirken.

Zwingerhusten

Dies ist eine komplexe Erkrankung der Atemwege, die sich in quälendem Husten äußert und die vor allem bei großem Hundebestand (Großzwinger, Ausstellungen) begünstigt wird. Obwohl kaum lebensbedrohend, sollte bei entsprechender Gefährdung von der Impfmöglichkeit Gebrauch gemacht werden.

Tetanus

Dies ist eine mit schmerzhaften, langanhaltenden und lebensbedrohenden Krämpfen einhergehende Vergiftung des Nervensystems. Die Giftstoffe (Toxine) werden dabei von Wundinfektionserregern (Bakterien) gebildet.

Im Vergleich zu Mensch und Pferd ist der Hund kaum anfällig für diese Krankheit. So ist eine Impfung nicht üblich. Bei besonders gefährdeten Verletzungen (verschmutzte Stich- und Quetschwunden) kann jedoch auch diese Impfung sinnvoll sein.

Aujeszkysche Krankheit

Dies ist eine Seuche, die sich, mitunter unerkannt, in Schweinebeständen hält. Mit dem Aujeszky-Virus infizierte Katzen und Hunde sterben sehr schnell, im typischen Fall mit Symptomen starken Juckreizes. Wichtigste Infektionsquelle sind rohe Produkte vom Schwein.

Obwohl ein Impfstoff für Schweine gegen diese unheilbare Krankheit auch eine Schutzwirkung bei Hunden hat, ist dieser Impfstoff in Deutschland nicht zur Anwendung am Hund zugelassen.

Eine erheblich größere Bedeutung kommt den erstgenannten fünf Infektionskrankheiten zu. Einige haben scheinbar ihren Schrecken verloren, weil eine große Anzahl von Hunden durch Impfung geschützt ist. So treten aus früheren Zeiten oder in anderen Ländern bekannte, verheerende Seuchenzüge hier kaum auf. Dies darf jedoch nicht zu einer Nachlässigkeit in Bezug auf einen Schutz der Hunde durch regelmäßige Impfung führen.

Parvovirose

Diese sehr ansteckende Infektion wird durch Viren verursacht, die gegenüber Umwelteinflüssen recht widerstandsfähig sind. Der volkstümliche Name "Katzenseuche" weist auf die nahe Verwandtschaft mit einer entsprechenden Virusinfektion der Katzen hin. Eine Übertragung der Krankheit zwischen Katze und Hund findet jedoch nicht statt. Um 1980 verbreitete sich erstmals diese gefährliche Seuche stark in Deutschland und stellt seitdem eine ständige Bedrohung besonders der Welpen und Jungtiere dar.

Die Krankheit betrifft vor allem den Verdauungstrakt und geht mit ständigem Erbrechen und schaumigem, oft blutigem Durchfall einher. Die Krankheit dauert 1 bis 2 Wochen und kann tödlich enden. Junge, bis 10 Wochen alte Welpen können innerhalb eines Tages an Herzversagen sterben.

Die Parvovirose erfordert eine sofortige intensive Behandlung durch den Tierarzt. Dabei wird vor allem der Austrocknung des Hundes durch Infusionen entgegengewirkt. Nach zweitägigem Fasten muß eine Diät gefüttert werden.

Einen zuverlässigen Schutz bietet heute die regelmäßige Impfung der Hunde. Schon beim Kauf eines Welpen sollte man darauf achten, daß er eine Erstimpfung erhalten hat.

Staupe

Weltweit verbreitete, gefürchtete Virusinfektion, die vor Einführung der Impfung verheerende Verluste in der Hundepopulation verursachte. Auch hier sind Jungtiere besonders gefährdet.

Die Krankheit beginnt mit hohem Fieber, Bindehautentzündung,

Durchfall und Apathie des Hundes. Nach einer scheinbaren Erholung treten nach etwa einer Woche wiederum Fieber und schwere Krankheitssymptome auf. Außer Magen, Darm- und Lungenentzündung kann es nach Wochen zu einer Hirnhautentzündung kommen.

Trotz frühzeitiger Behandlungsmaßnahmen kann die Krankheit oft tödlich oder mit bleibenden schweren Schäden enden. Obwohl die Staupe dank der verbreiteten Impfung scheinbar ihren Schrecken verloren hat, sind regelmäßige Impfungen ein notwendiger und sicherer Schutz.

Ansteckende Leberentzündung (HCC)

Diese ebenfalls weltweit verbreitete Virusinfektion kann schon innerhalb weniger Stunden zum Tod des Hundes führen. Bei längerem Verlauf können staupeähnliche Symptome, Leberschwellung und Blutungen auftreten. Die Krankheit endet fast immer tödlich. Schutz bietet die vorbeugende Impfung.

Tollwut

Diese Virusinfektion ist vor allem deswegen so gefürchtet, weil sie auch den Menschen betreffen kann und immer tödlich endet.

Die Tollwut wird fast ausschließlich durch den Biß eines erkrankten Tieres übertragen. In Europa hält sich die Seuche vor allem in der Fuchspopulation (Wildtollwut). Bei entsprechender Seuchenlage sind vor allem Hunde besonders gefährdet, die sich viel außerhalb der menschlichen Wohngebiete aufhalten. Dies betrifft auch arbeitende Border Collies.

Die Krankheit befällt das Nervensystem und hat eine meist lange symptomlose Inkubationszeit. Bezeichnend für den Ausbruch der Tollwut sind Verhaltensänderungen und Lähmungen. Dabei muß nicht immer das Bild der rasenden Wut entstehen, das sich in drangvoller Unruhe und hemmungsloser Beißsucht darstellt.

Ein Tollwutverdacht ist beim zuständigem Veterinäramt anzeigepflichtig. Behandlungsversuche sind aussichtslos und wegen der Gefährdung verboten. Infektionsverdächtige Menschen müssen unverzüglich schutzgeimpft werden.

Die jährliche Tollwutschutzimpfung der Hunde ist auch zum Überschreiten von Grenzen und für die Teilnahme an Ausstellungen und Hütewettbewerben vorgeschrieben.

Leptospirose (Stuttgarter Hundeseuche)

Die Leptospiren sind spezielle Bakterien, die von erkrankten Tieren ausgeschieden werden. Ratten und Mäuse haben als Überträger eine große Bedeutung. Auch Menschen können an Leptospirose erkranken.

Die Krankheitserscheinungen sind vielfältig. Durchfall, Erbrechen, Gelbsucht, viel Trinken, häufiger Harnabsatz, Atembeschwerden, zentralnervöse Störungen treten je nach Organbetroffenheit in den Vordergrund.

Eine zu spät erkannte oder unbehandelte Leptospirose endet meist tödlich. Im Anfangsstadium kann durch Einsatz wirksamer Antibiotika mitunter eine Heilung erzielt werden. Die jährliche Schutzimpfung sollte selbstverständlich sein.

Gegen die wichtigsten bedrohlichen Infektionskrankheiten der Hunde gibt es Kombinationsimpfstoffe, die mit einer einzigen Injektion einen umfassenden Schutz bewirken. Welpen werden mit zwei Injektionen um die 8. und nach der 12. Lebenswoche grundimmunisiert. Die jährliche Wiederholung hält den Impfschutz aufrecht.

Hunde können unter Umständen auch von vielen anderen Infektionen (Viren, Bakterien, Pilze, Protozoen) betroffen sein und an Erkrankungen der verschiedenen Organsysteme leiden. Auf die Vielfalt dieser Möglichkeiten kann jedoch im Rahmen dieses Büchleins nicht eingegangen werden.

Die meisten Border Collies haben eine recht gute Gesundheit und benötigen oft bis ins hohe Alter außer Impfungen und Parasitenbekämpfung keine tierärztlichen Bemühungen.

PARASITEN

Unter Parasiten verstehen wir Lebewesen, die dem Tierreich zugeordnet werden und die ihren Lebensunterhalt und ihre Vermehrung auf Kosten eines Wirtes (in diesem Fall des Hundes) bestreiten. Leben die Parasiten auf dem Hund, so heißen sie Ektoparasiten. Im Körperinneren leben die Endoparasiten.

Ektoparasiten

FLÖHE. - Flohbefall ist trotz der heute verfügbaren guten Bekämpfungsmöglichkeiten weit verbreitet. Flöhe sind muntere Tierchen, die, im dichten Haarkleid verborgen, auf der Haut des Hundes herumlaufen. Sie können ihren Wirt im kühnen Sprung verlassen und auf einen anderen Hund umsteigen.

Die 1,5 bis 3 mm großen dunkelbraunen, seitlich abgeflachten Insekten sind bei aufmerksamer Betrachtung mit bloßem Auge zu erkennen und können mit einem Flohkamm zusammen mit Eiern und Kot herausgekämmt werden. Sie verursachen durch ihre Stiche zur Blutaufnahme und durch ihr Herumkrabbeln ständigen Juckreiz und Unruhe der befallenen Hunde. Diese kratzen sich deshalb häufig. Es kann auch zu einer regelrechten Flohallergie kommen, die zu einem schweren Krankheitsbild führt.

Die Flöhe legen ständig Eier, die nach und nach aus dem Hundefell herausfallen. So wird die Umgebung der Hunde bei lange uner-

kanntem und unbehandeltem Befall immer mehr mit Flohbrut angereichert. Aus den Eiern schlüpfen Larven, die sich von organischem Abfall (z.B. Hautschuppen, Flohkot) ernähren. Sie wachsen vor allem in Lagerstellen (Hundehütte) heran, verpuppen sich schließlich und lauern dann auf einen geeigneten Wirt, um sich einnisten zu können. So kann ein Hund auch ohne direkten Kontakt zu einem anderen Hund von Flöhen befallen werden, da die Entwicklungsstadien der Flöhe lange Zeit ohne Hund überleben können.

Es ist wichtig, einen Flohbefall seines Hundes frühzeitig zu erkennen, damit durch geeignete Maßnahmen eine umfangreiche Flohbrut im Aufenthaltsbereich verhindert werden kann. Befallene Hunde können durch Badebehandlung, Pudern oder Aufträufeln von Wirkstoffen behandelt werden. Zur Vorbeugung werden Flohschutzhalsbänder benutzt.

Um eine etablierte Flohpopulation auszurotten, sind manchmal aufwendige Bekämpfungsmaßnahmen der Brut in der Umgebung notwendig.

Zum Übersprung wird nicht immer die günstigste Stelle gewählt.

LÄUSE UND HAARLINGE. - Im Vergleich zum Flohbefall sind Läuse und Haarlinge bei unseren Hunden wesentlich seltener anzutreffen.

Der Entwicklungszyklus dieser Parasiten läuft vom angeklebten Ei in unvollkommener Metamorphose (die Larven ähneln schon den Erwachsenen) auf dem Hund ab. So ist eine Bekämpfung leichter als bei Flohbefall.

Die eingesetzten Wirkstoffe sind die gleichen. Wegen der Widerstandsfähigkeit der Eier muß die Behandlung in wöchentlichen Abständen wiederholt werden.

ZECKEN. - In Mitteleuropa ist Ixodes ricinus, der Gemeine Holzbock, die häufigste Zeckenart. Die Entwicklung dieser Spinnentiere verläuft vom Ei über zwei Larvenstadien zu den geschlechtsreifen Zecken.

Während Larven und Zeckenmännchen nur unscheinbare Ausmaße annehmen, ereichen vollgesogene erwachsene Weibchen Erbsengröße. Der Entwicklungszyklus beansprucht mehrere Jahre. Jedes Zeckenstadium befällt einen Wirt (z.B. auch Mäuse, Igel, Menschen) zum stationären Blutsaugen.

Die hungrigen Zecken können sehr lange an Gräsern und Büschen ausharren, bis sie eine Gelegenheit finden, ein Tier zum Blutsaugen anzufallen.

Während der Blutverlust durch Zecken nur bei Massenbefall ins Gewicht fällt, stellen die juckenden und entzündeten Hautirritationen eine Beeinträchtigung befallener Tiere dar. Eine besondere Gefahr für den Hund geht von der Borrelia-Infektion aus, die durch Zecken übertragen wird. Betroffene Hunde können neben örtlichen Entzündungsreaktionen schwere Allgemeinstörungen und Lahmheiten entwickeln, auch Todesfälle sind schon aufgetreten.

Entdeckt man festgesaugte Zekken, so kann man sie am besten mit einer Pinzette herausdrehen. Das früher empfohlene Betupfen mit Öl oder anderen Stoffen soll wegen der dann erhöhten Abgabe von Krankheitserregern durch die in Not geratene Zecke unterbleiben. Einen gewissen vorbeugenden Schutz bieten Halsbänder, die auch zur Flohbekämpfung eingesetzt werden.

MILBEN. - Ebenfalls zu den Spinnentieren gehören die zum Teil mikroskopisch kleinen Milben. Verschiedene Milbenarten sind Erreger von Räude. Recht häufig sind Ohrmilben (Otodectes cynotis) Ursache für Entzündungen der Gehörgänge.

Sarcoptesmilben graben Gänge in der Haut und können unter Umständen schwere Krankheiten mit Juckreiz, Haarausfall, Pusteln und Krusten verursachen.

Die weitverbreiteten Haarbalgmilben (Demodex) rufen nur bei besonders disponierten Hunden schwer bekämpfbare Hauterkrankungen hervor. Zur Milbenbekämpfung werden Badebehandlungen mit akariziden Wirkstoffen durchgeführt. Auch Ohrmilbenbefall muß unbedingt behandelt werden, da schwerwiegende Komplikationen auftreten können.

Leider ist das ausgezeichnete milbenwirksame und wurmvernichtende Mittel Ivermectin (wird auch bei Schafen angewendet) für Hunde oft nicht verträglich. Da es nach Injektion dieses Präparates, besonders bei Colliearten, schon oft Todesfälle gegeben hat, ist sein Einsatz nur in besonders schweren Fällen sonst unheilbarer Körperräude als letzter Versuch in Erwägung zu ziehen.

Endoparasiten

SPULWÜRMER. Ein allgegenwärtiges Problem stellt der Spulwurmbefall der Hunde dar. Spulwürmer gehören zu den Fadenwürmern (Nematoden), neben Toxocara canis befällt auch Toxascaris leonina den Hund.

Die erwachsenen, runden Spulwürmer sind 2 bis 3 mm dick und können bis zu 18 cm lang werden. Sie leben im Dünndarm des Hundes und ernähren sich vom Nahrungsbrei. Ein befallener Hund scheidet mit seinem Kot unter Umständen massenhaft die widerstandsfähigen Spulwurmeier aus.

Spulwurmeier sind wie die anderen Eier von Darmwürmern nicht mit bloßem Auge zu erkennen, sondern nur durch eine mikroskopische Kotuntersuchung festzustellen.

Die Toxocara-Spulwürmer machen im Hund eine Larvenwanderung über Leber und Lunge durch, bevor sie über die Luftröhre endlich wieder in den Dünndarm gelangen, wo sie Geschlechtsreife erreichen.

Diese Würmer sind so perfekt an die Lebensumstände der Hunde angepaßt, daß ihre Verbreitung gesichert ist. Die Spulwurmlarven gelangen über infektiöse Eier oder über Fleisch in den Hund. Die eierlegenden Darmwürmer leben vor allem in Welpen und Junghunden, während über ein Jahr alte Tiere nur selten noch Spulwürmer im Darm beherbergen.

Die Larven kapseln sich, statt in den Darm zu wandern, im Körpergewebe ab. Sie sind hier auch nicht für Anthelminthika (Wurmmittel) erreichbar. Nahezu alle Hundewelpen werden durch diese Larven schon in der Gebärmutter infiziert. Sie nehmen weitere Larven mit der Muttermilch auf. So ist es wichtig, bei Welpen schon mit etwa 10 Tagen eine erste Wurmkur durchzuführen, um die Bürde zu mindern und eine Eiausscheidung zu verhüten.

Bis zum Alter von einem Jahr sollten die Junghunde noch mehrmals im Abstand von einigen Wochen entwurmt werden. Empfehlenswert ist es, durch tierärztliche Kotuntersuchung einen Befall bzw. Behandlungserfolg kontrollieren zu lassen. Auch bei älteren Hunden kann eine Kotuntersuchung Aufschluß über einen etwaigen Wurmbefall geben.

In der Regel sind sie bei den üblichen Haltungs- und Fütterungsumständen nur noch selten mit Darmwürmern befallen. Viele Hundehalter ziehen eine ein- bis zweimalige jährliche Wurmkur einer Kotuntersuchung vor.

HAKENWÜRMER. - Der Hakenwurmbefall stellt in vielen Regionen, vor allem unter feuchtwarmen Klimabedingungen, ein ernstes Problem dar. Auch in Großbritannien sollen Hakenwurminfektionen verbreitet sein. In Deutschland scheint diese Plage selten vorzukommen.

Beim Hund kommen zwei Arten, Ancylostoma caninum und Uncinaria stenocephala, vor. Diese Nematoden leben als erwachsene Würmer ebenfalls im Dünndarm der Hunde. Ihre dünnschaligen ovalen Eier können bei mikroskopischen Kotuntersuchungen festgestellt werden.

Ein Hakenwurmbefall kann schwere Krankheitsbilder bei betroffenen Hunden hervorrufen. Hakenwürmer bewirken neben Darmstörungen einen Blutverlust und Schwächezustände, da sie aus der Darmwand in erheblichem Umfang Gewebe und Blut saugen. Von großer Bedeutung ist neben einer

Infektion durch den Mund die Möglichkeit der Hakenwurmlarven, durch die Haut in die Hunde einzudringen. Vor allem die Pfoten und der Bauch sind betroffen. Schwere Hautreaktionen und sogar Lahmheit können die Folge sein.

Ein Hakenwurmbefall erfordert konsequente Behandlung mit wirksamen Antheminthika und eine Sanierung des Aufenthaltsbereiches der Hunde von der Wurmbrut.

Eine weitere Nematodenart, die auch ältere Hunde befällt ist Trichuris. Diese *Peitschenwürmer* werden ebenfalls über ihre Eier mikroskopisch im Kot nachgewiesen.

BANDWÜRMER (Zestoden). - Hunde können von mehreren Bandwurmarten befallen werden. Alle Bandwürmer benötigen zu ihrer Entwicklung einen Zwischenwirt, der das Finnenstadium beherbergt. Der Zwischenwirt muß vom Endwirt (Hund) verzehrt werden, damit dann in seinem Dünndarm der Bandwurm heranwachsen kann.

Cysticerus tenuicollis, Cysticerus ovis, Cysticerus pisiformis, Coenurus cerebralis und die Echinokokkenarten bekommt der Hund über die Aufnahme von rohem Fleisch, Schlachtabfällen oder ganzen Beutetieren. Dipylidium caninum hat den Floh als Zwischenwirt. Die Bandwurmfinnen können durch Abkochen oder längeres Einfrieren im Fleisch abgetötet werden.

Den Bandwurmbefall des Hundes kann man bei aufmerksamer Betrachtung des frisch abgesetzten Kotes feststellen. Die eiergefüllten Endglieder der Bandwürmer fallen als bewegliche, etwa reiskorngroße weißliche "Würmer" auf.

Kaum erkennbar wegen ihrer geringen Größe sind aber die Glieder der gefährlichen Echinokokken (Echinococcus granulosis, selten Echinococcus multilocularis). Diese Echinokokkeneier können unter Umständen Menschen infizieren, wenn sie über den Mund aufgenommen werden, und dann durch ihre expansiv wachsenden Zwischenstadien im Zwischenwirt Mensch eine schwerwiegende bedrohliche Krankheit hervorrufen.

Die Vorbeuge gegen einen Bandwurmbefall der Hunde ergibt sich aus dem obligaten Entwicklungscyklus. Nimmt der Hund kein infektiöses Zwischenstadium (Finne) auf, so bekommt er auch keinen Bandwurm.

Der Bandwurmbefall des Hundes kann mit dem hochwirksamen Praziquantel sicher behandelt werden.

Vom Bandwurm befallene Hütehunde können über ihren Kot, den sie auf der Schafweide absetzen, unter Umständen einen massiven Befall der Schafe mit Finnenstadien verursachen.

ERBKRANKHEITEN

Die Hüftgelenksdysplasie (HD)

Dysplasien (Fehlbildungen) können bei allen Gelenken auftreten. Die HD hat besondere Bedeutung.

Unter Hüftgelenksdysplasie versteht man eine Fehlbildung, bei der der Gelenkkopf des Oberschenkelknochens nicht genau in die Gelenkpfanne des Beckenknochens paßt. Der Übergang zwischen einem vorzüglich ausgebildeten Hüftgelenk und schweren Fehlbildungen ist fließend. So haben Experten versucht, die verschiedenen Grade zu interpretieren und eine Abstufung meist von A, B, C, D und E vorgenommen.

Zur Festlegung des HD-Grades

dient eine genormte Röntgenaufnahme der Gelenke des Hundes, die in Narkose angefertigt werden muß. Die HD wird zu einem Teil polygen vererbt, die Umweltbedingungen haben aber entscheidenden Einfluß.

Die Zunahme der HD wurde von den Rassehundezuchtverbänden als Problem erkannt, und es wurden Maßnahmen getroffen, sie in der Zucht zurückzudrängen. Obwohl es bisher kaum möglich ist, die erbliche HD-Disposition eines Hundes sicher zu bestimmen, sind schon Erfolge in der Zucht erzielt worden, indem nur noch Hunde mit günstigem HD-Befund zur Zucht zugelassen wurden. Man kann allerdings auch befürchten, daß der größte Teil des scheinbaren Erfolges auf standardisierten Aufzuchtsbedingungen beruht.

Die Beurteilung einer HD-Röntgenaufnahme darf jeweils nur von einem bestimmten privilegierten Tierarzt vorgenommen werden.

Eigentlich war es kaum zu erwarten, daß robuste, auf Ausdauer und Schnelligkeit gezüchtete Arbeitshunde wie die Border Collies von HD betroffen sein sollten. In ihrem Ursprungsland betrachten es auch heute noch viele Leute als überflüssig, einen Hund, der gut arbeitet, auf HD untersuchen zu lassen. Leider scheint aber ein nicht unerheblicher Teil der Border Collies von HD betroffen zu sein, so daß in einzelnen Fällen sogar schwere Formen mit Beeinträchtigung der Tiere festgestellt worden sind.

Nun ist es leider nicht in jedem Einzelfall möglich, eine sicher zutreffende Interpretation der Hüftgelenke eines Hundes zu gewährleisten und schon gar nicht, die Erbanlagen zuverlässig zu bestimmen.

Zunächst ist die Art und Qualität der Röntgenaufnahme wichtig. Bei Beurteilung durch verschiedene Auswertungsstellen sind öfter Differenzen um 2 HD-Grade bei derselben Röntgenaufnahme aufgetreten. Die verschiedenen HD-Beurteilungsexperten haben Punkte erarbeitet, nach denen eine HD-Aufnahme ausgewertet wird. Gesicherte Kriterien, ob eine Interpretation im Einzelfall auch angemessen ist, gibt es kaum.

Es gibt bis heute kaum Untersuchungen an Wildhunden, auch keine Vergleiche von Befunden, die mit einem Jahr erhoben wurden, mit solchen, die im hohen Alter derselben Tiere gemacht werden. Gesicherte Erkenntnisse über die Einflüsse von Fütterung, Haltung und Bewegungsaktivität, wie auch Einzelheiten über den komplizierten polygenen Erbgang der Anlage gibt es nicht.

Einzelne Versuche haben ergeben, daß Welpen, die mit äußerst geringen Futtermengen "hochgehungert" wurden, und solche, die man bis zu einem Jahr in ihrem natürlichen Bewegungsdrang völlig einschränkte, eine HD-frei Beurteilung erhielten. Daß auf diese Weise HD-frei beurteilte Hunde nicht unbedingt ein Segen für die Zucht sind, dürfte einleuchten.

Auch ist eine HD-frei Beurteilung beider Eltern keineswegs eine Garantie für eine gleichartige Beurteilung ihrer Welpen. Unter sonst gleichen Voraussetzungen sind Hündinnen mehr von HD betroffen als Rüden.

Gerade im unteren Bereich von A bis C, in dem sich die Beurteilung manchmal auf kaum erkennbare Unregelmäßigkeiten oder sogar nur auf größere Dichte der Knochensubstanz stützt, sollte man dem Ergebnis einige Skepsis entgegenbringen.

Auch werden einjährige

Zwingerhunde, die ausgewogen und knapp gefüttert und möglichst wenig bewegt wurden und deren Röntgenaufnahmen in der Auswertungspraxis selbst angefertigt wurden, mit mehrjährigen Arbeits- oder Familienhunden verglichen, deren Fütterung nicht optimal war, die schon im Alter von 4 Monaten in ihrem Bewegungsdrang und Arbeitseifer kaum zu bremsen waren und deren Röntgenaufnahmen zur Auswertungsstelle geschickt wurden.

Bedenkt man alle diese Umstände, so erscheint eine computergestützte Zuchtwertschätzung für HD, wie sie etwa von Herrn Dr. Beuing, Gießen, entwickelt wurde, erstrebenswert. In diesem Verfahren werden die HD-Befunde möglichst vieler Verwandten des Hundes mit einbezogen. So gleichen sich viele Zufälligkeiten und Umwelteinflüsse allmählich etwas aus. Auch für eine Zuchtwertschätzung sind zunächst möglichst viele (ideal wären alle) Röntgenbefunde der Zuchttiere und ihrer Welpen Voraussetzung.

Trotz gewisser Unzulänglichkeiten und mangelnder Erkenntnisse erscheint die Regelung, daß alle Hunde vor ihrem Zuchteinsatz einen HD-Befund vorweisen müssen und der Zuchtausschluß von HD-D und HD-E-Tieren sinnvoll. Der Versuchung, mit Tieren, die als gravierend HD-belastet beurteilt wurden oder sogar HD-bedingte Beschwerden zeigen, nun ohne Abstammungsnachweise zu züchten, sollte im Interesse der Gesundheit unserer Hunde widerstanden werden. Die ISDS schreibt bis heute die HD-Untersuchung der Zuchthunde nicht zwingend vor.

Wenngleich der HD zu Recht in der Hundezucht eine große Bedeutung beigemessen wird, so sollte man doch hierüber nicht den Gesamthund aus den Augen verlieren. Gesundheit, Langlebigkeit, Leistungsfähigkeit, Belastbarkeit, Ausdauer und Charaktereigenschaften wie Intelligenz, Gehorsam, Zuverlässigkeit sind ebenfalls wichtig.

Welchen Wert man einer diagnostizierten leichten HD beimessen sollte, wenn dieser Hund bis ins hohe Alter keinerlei Beschwerden hat und an Ausdauer, Lebensfreude, Schnelligkeit und Gewandtheit viele Hunde seiner Rasse übertrifft, ist nicht so einfach zu entscheiden.

Augenkrankheiten

Vor allem zwei erbliche Defekte, die den Augenhintergrund und die Netzhaut (Retina) betreffen, sind bei Border Collies von Bedeutung, die CEA (collie-eye-anomalie) und die PRA (progressive Retina Atrophie).Seit 1994 schreibt auch der VDH ophthalmoskopische Untersuchungen der zur Zucht vorgesehenen Hunde vor.

Während die CEA vor allem bei Welpen unter 10 Wochen alt entdeckt werden kann, entwickelt sich die PRA erst bei mehrjährigen Hunden hochgradig.

Ein CEA-Befund soll zur Zeit keine züchterischen Konsequenzen haben, während PRA (sie kann bei betroffenen Hunden schon mit 3 bis 4 Jahren zur Blindheit führen) einen Zuchtausschluß zur Folge hat. Bislang sollen bei in Deutschland untersuchten Border Collies noch keine krankhaften Befunde aufgetreten sein.

Sehr viele Hunde bekommen im hohen Alter (über 10 Jahre) eine zunehmende Linsentrübung (Cataracta senilis), die zu abnehmender Sehschärfe und schließlich zur Blindheit führen kann.

Unterkieferverkürzungen

Diese rezessiv vererbte Anomalie kann in unterschiedlichem Grade ausgeprägt sein. In schweren Fällen kann der betroffene Hund Störungen bei der Futteraufnahme und Entzündungen im Maulbereich bekommen. Dieser Defekt wurde bei Border Collies öfter beschrieben. Mit betroffenen Tieren sollte nicht gezüchtet werden.

Hodenhypoplasie und Kryptorchismus (Unterentwicklung und Verborgenhodigkeit)

Diese ebenfalls rezessiv, wahrscheinlich polygen vererbte Störung manifestiert sich nur, wenn eine bestimmte Schwelle der Anlagen erreicht ist. Sie kann naturgemäß nur bei Rüden entdeckt werden.

Alle Hunderassen sind von der Störung bewtroffen, die Häufigkeit liegt zwischen 1 % und 10%. Auch bei Border Collies scheint Kryptorchismus häufig vorzukommen. Die betroffenen Rüden haben nur einen oder gar keinen Hoden im Hodensack (Skrotum). Die im Bauchraum oder Leistenkanal zurückgebliebenen Hoden sind häufig verkümmert (Hypoplasie).

Im Gegensatz zu den meisten erblichen Defekten stellt der Kryptorchismus für den betroffenen Rüden keine Beeinträchtigung dar. Verbleiben beide Hoden im Bauchraum, so ist der Rüde unfruchtbar. Bauchhoden sollen gegenüber den normal plazierten eine leicht erhöhte Tendenz für Tumore haben.

Da der Züchter bei seinen Welpen oft erst nach der 8. Lebenswoche die abgestiegenen kleinen Hoden im Skrotum ertasten kann, ist es manchmal schwer, bei frühzeitig abgegebenen Welpen hier schon sicher zu sein. Tritt in einem Wurf Kryptorchismus auf, so sollte diese Paarung nicht mehr wiederholt werden. Rüden, die Merkmalsträger sind, werden von der Zucht ausgeschlossen.

Operationen, bei denen die zurückgebliebenen Hoden künstlich in das Skrotum verfrachtet werden, haben für den betroffenen Rüden keinen Vorteil und sind im Hinblick auf die Zucht abzulehnen. Will der Besitzer das leicht erhöhte Risiko der Tumorerkrankung seines Rüden vermeiden, so ist eine ein- oder beidseitige Kastration in Erwägung zu ziehen.

DER ALTE HUND

Leider ist die Lebensspanne eines solch hochentwickelten, intelligenten und liebenswerten Tieres, mit dem wir eine enge emotionale Bindung eingehen können, recht kurz. Dies im Vergleich zu der Frist, die dem Menschen mit, wenn es hoch kommt, 80 Jahren beschieden ist.

Border Collies haben dabei, verglichen mit vielen anderern Hunderassen, mit etwa 15 Jahren eine recht hohe Lebenserwartung. Auch bleiben die meisten bis ins hohe Alter gesund. Arbeitende Border Collies lassen mit 9 - 12 Jahren deutlich in ihrer Leistungsfähigkeit nach und können dann kaum noch zur praktischen Arbeit oder auf dem Trialfeld eingesetzt werden. Sie sollten dann etwas geruhsamer ihre verbleibenden Jahre in gewohnter Umgebung mit ihren geliebten Rudelgefährten verbringen können.

Im Alter lassen die Sinne, die Körper- und Organfunktionen nach. Die Regulations- und Kompensationsmöglichkeiten nehmen ab. Je nachdem, welche Organe zuerst nicht mehr den Anforderungen genügen, treten bei alten Hunden unterschiedliche Krankheitsbilder in den Vordergrund. Häufige Altersbeschwerden sind Blindheit, Taubheit, chronische Gelenkentzündungen, Herzschwäche und Tumorerkrankungen. Der Abbau von Körpergewebe (katabole Stoffwechsellage) führt zu Abmagerung und Schwäche.

Eine Zeitlang lassen sich viele Beschwerden durch gute Pflege und mitunter eine tierärztliche Behandlung kompensieren. Überwiegen die Leiden unseres alten Hundes und naht das unabwendbare Ende, sollte man ihm durch einen angst- und schmerzfreien Tod (Euthanasie) einen letzten Dienst erweisen.

Für einen Hundefreund ist es gut, zum Zeitpunkt des Todes eines langjährigen Gefährten noch einen jüngeren Hund zu besitzen. Dieses Tier hilft dabei, den Verlust besser zu ertragen.

Kindliche Begeisterung für den Welpen. Obwohl eine Gesundheitsgefährdung von Kindern durch Hunde nur sehr gering ist, sollten gewisse Hygieneregeln beachtet werden.

BETRACHTUNGEN ZUM SCHLUSS

Die Reste der naturnahen Landschaft schwinden durch die maßlose Vermehrung der Menschheit und die zerstörerische Wirkung ihrer technischen Errungenschaften dahin. Die Enge der Verstädterung und die Flut von Gesetzen und Verordnungen schränken die persönliche Freiheit jedes Einzelnen immer mehr ein.

Je entfernter das Ziel, um so mehr entsteht in manchen Menschen der Wunsch, mit der Natur in Einklang zu leben. Ein Hund soll ein wenig von der verlorenen Harmonie zurückbringen.

Border Collies faszinieren durch ihre Natürlichkeit, ihre Arbeitsweise, ihre Intelligenz, Gewandtheit, Schnelligkeit und ihre Freude, ihren Menschen zu gefallen. Durch sein Wesen und seinen liebenswürdigen Charakter spricht der Border Collie nicht nur Menschen an, die diesen Hund brauchen und ihn seiner Veranlagung entsprechend einsetzen können.

Das Verständnis für den Border Collie zu vertiefen, seine Ansprüche deutlich zu machen ist ein Anliegen dieses kleinen Buches.

Es möge dazu beitragen, daß Border Collies außerhalb ihrer eigentlichen Bestimmung verständnisvoll und rassegemäß gehalten werden.

Wenn es manchen von seinem Wunsch nach einem eigenen Border Collie abbringt, weil er einsieht, diesem Hund nicht gerecht werden zu können, so ist auch dies eine gute Sache.

Vor allem die uralten Instinkte seiner Wolfsahnen befähigen den Border Collie zu seinen einzigartigen Leistungen als Hütehund. In der offenen Weite karger Schafweiden halbwilde Landschafe für seine Menschen zu kontrollieren, das entspricht seinen Anlagen und Neigungen.

FACHVOKABULAR

ABCD	Arbeitsgemeinschaft Border Collie Deutschland
Agility	Sportliche Aktivitäten von Mensch und Hund fordernder Wettbewerb. Parcoursgestaltung und Anforderungen ähneln dem Breitensport
Allele	Entsprechende Genorte auf dem Chromosomenpaar
„Away to me“	Traditionelles englisches Kommando für rechtsherum.
Border	Grenze
Brace work	Arbeit mit zwei Hunden gleichzeitig
Breitensport	siehe Agility
CEA	Collie-eye-Anomalie, erbliche Fehlbildung des Augenhintergrundes
Chromosomen	In den Körperzellen paarweise vorhandene Strukturen des Zellkerns, die aus DNS bestehen und die Erbinformation tragen.
„come bye“	Traditionelles englisches Kommando für linksherum
Cross drive	Quertreiben
Dominant	1. beherrschend 2. Begriff der Genetik: Die Anlage tritt immer in Erscheinung, auch wenn sie nur einfach, auf einem Allel vorhanden ist. Beim Border Collie ist die schwarz-weiße Fellzeichnung dominant über fast alle anderen Farben.
Drive	Treiben der Schafe durch den Hund
Ethologie	Verhaltenskunde
Eye	Auge - Border Collie typischer fixierender Blick
FCI	Fédération Cynologique International, Internationale Hundezuchtorganisation
Fetch	Der Hund bringt die Schafe auf direktem Wege zum Menschen
Fetchgate	Gattertor, durch welches die Schafe zum Pfosten gebracht werden sollen.
Fleischschaf	Auf Fleischfülle gezüchtete schwere Schafrasse
Furche	Ackerfurche, im übertragenen Sinne Grenzline, über die der Hund kein Schaf hinaus läßt.
HD	Hüftgelenksfehlbildung, gleichermaßen erblich und umweltbedingt.
Herdengebrauchshund	Hütehund, der die wandernde Schafherde begleitet, Hauptaufgabe dieser Hunde ist das Furchelaufen.
Herdenschutzhund Hirtenhund	Wehrhafter und wachsamer großer Hund zum Hirtenhund. Schutz der Herde vor allem gegen Wolfsangriffe. Zur Sozialisierung mit den Schafen werden Welpen zusammen mit Lämmern aufgezogen.
Hinterhand	Aus der Reitersprache entlehnte Bezeichnung für die Region der Hintergliedmaßen.

Inzucht	Paarung von Verwandten. Hierbei steigt die Möglichkeit, daß rezessive Anlagen zutage treten.
Instinkt	Angeborenes Verhalten, das nicht gelernt werden muß.
ISDS	International Sheep Dog Society, Internationale Schafhund-Gesellschaft mit Ursprung und Sitz in England.
Landschaf	Bodenständige,an extensive Haltung angepaßte, robuste Schafrasse
Letalfaktor	Todbringende Erbanlage
Lift	Erster Kontakt und Aufnehmen der Schafe durch den Hund.
Merlefaktor	Dominante Anlage, die mit charakteristischer Fellzeichnung einhergeht. In homozygoter (doppelter) Anlage letal.
Nursery Trial	Hütewettbewerb für junge Anfängerhunde
Obedience	Gehorsam des Hundes
	Hinauslaufen, Suchlauf des Hundes, der ihn hinter die Schafe bringt.
Pen	Pferch
Polygen	Durch viele Gene beeinflußte Erbanlage
PRA	Progressive Retina Atrophie, fortschreitend schwerwiegender Erbschaden der Netzhaut des Auges. Führt zur Blindheit
Prägung	In der Jugendentwicklung eines Tieres entstehende bleibende Vorstellung von einem Sozialpartner (Artgenossen).
Pyometra	Eitrige Gebärmutterentzündung
Rangordnung	Festgefügte Beziehung zwischen über- und untergeordneten Rudelmitgliedern, die ein reibunsloses Zusammenleben ermöglicht.
rezessiv	Eine rezessive Erbanlage bleibt bei heterozygoten Tieren verborgen. Sie tritt nur in Erscheinung bei Tieren,die sie doppelt haben, homozygot (reinerbig) dafür sind.
Sheddingring	Markierter Kreis, in dem eine Anzahl von Schafen abgetrennt und beiseite getrieben werden sollen.
Sheepdog Trial	Wettbewerb der Border Collies in Schafarbeit.
Sheepsense	Angeborene Veranlagung der Border Collies, Schafverhalten richtig einzuschätzen.
Single	Ein einzelnes Schaf wird abgesprengt und weggetrieben.
Sozialisation	Der Prägung ähnliches Verbundenheitsgefühl mit anderen Lebewesen, die als Rudelmitglieder betrachtet werden.
Trial	Prüfung
Tricolour	Schwarz-weißer Border Collie mit gelblich-rotbraunen Abzeichen, meist über den Augen, an den Backen und an den Beinen.
VorhandOutrun	Aus der Reitersprache entlehnte Bezeichnung für die Region der Vordergliedmaßen

Bücher

Deutsche Bücher

Eberhard Trumler:
"Das Jahr des Hundes"
Kynos Verlag, Mürlenbach

Malcolm B. Willis:
"Genetik der Hundezucht"
Kynos Verlag, Mürlenbach

Dr. D. Fleig:
"Die Technik der Hundezucht"
Kynos Verlag, Mürlenbach

Karin Wimmer-Kieckbusch:
"Freizeit mit dem Hund"
Franckh-Kosmos Verlag Stuttgart

Ruth Hobday: "Agility macht Spaß!
Kynos Verlag, Mürlenbach

K.H. Finger: "Hirten- und Hütehunde"
Ulmer Verlag,Stuttgart

Border Collie Bücher in englischer Sprache

H. Glyn Jones, Barbara C. Collins: "A Way of Life"
Farming Press, Ipswich
(Deutsche Übersetzung: G. Piepenbrock, Eigenverlag, Bielefeld
"Mein Leben mit Border Collies"

John Holmes: "The Farmers Dog"
Popular Dogs Publ.

John Holmes: "The Obidient Dog"
Popular Dogs Publ.

Tim Longton and Edward Hart: "The Sheep Dog Its Work and Training"
Verlag David & Charles Newton Abbot, London

John Templeton u. Matt Mundel:
"Working Sheep Dogs"
Howell Book House New York

Marjorie Quarton: "All about the working Border Collie"
Pelham Books Stephen Green Press
Publ. by Penguin Group

Janet E. Larson: "The Versatile Border Collie"
Alpine Publ. USA

Adressen

Arbeitsgemeinschaft
Border Collie Deutschland e.V. (ABCD)
Günther Piepenbrock
Mackebenstraße 14, D 33647 Bielefeld
und
Horst Ludwig
Im Sand 3 b, D 35282 Rauschenberg

Club für Britische Hütehunde e.V.
Hans A. Ploen
Beekholt 6, D 24855 Bollingstedt

Austrian Sheep Dog Society
Wilhelm Klaffe, Promenaden-Siedlung 42
A 3550 Langenlois, Österreich

Österreichische Club für
Britische Hütehunde
Margit Brenner
Donaufelderstraße 215
A 1222 Wien, Österreich

Swiss sheep dog society (SSDS)
Hermann Ammann
Stallag Postfach 156
CH 6362 Stansstad, Schweiz

Border Collie Club der Schweiz
Laurent Stäkelin
Schupposen
CH 3414 Oberburg, Schweiz

International Sheep Dog Society (ISDS)
A. Philip Hendry
Chesham House
47 Bromham Road
Bedford MK 40 2AA, England

Fédération Cynolique Internationale (FCI)
Secretariat General
14 rue Leopold II
6530 Thuin, Belgien